黄永玉作

十二個十二個月

十二生肖

CNS | 湖南美术出版社

谢々孫世平仁弟这幾十年仁厚的合作，十二年生肖挂曆的出版是其中之一。

前言

黄永玉
丁酉春日

時間是那麼地飛快流逝，眼看我畫完了足足十二年的生肖月曆。人，究竟還是老了，九十二歲的人再挺也挺不到哪裡去了。

人問我，以後還畫不畫生肖月曆？回答曰：不畫了！因為上天不可能再給我整整畫得完一圈生肖的十二年時間。萬一畫到一半或不到一半，我和月曆都斷了氣，豈不是十分之沒意思？

一年十二个月，月曆連封面帶說明共十四頁，十二乘十四，一共是一百六十八，開个展覽很夠規模的了，於是就開个展覽吧！

古人說，雞有五个特點：頭戴冠者文也，足搏距者武也，敵在前敢鬥者勇也，見食相呼者仁也，守夜不失時信也。我看人若是也有這五番講究，應該是相當有意思的。

解读黄永玉先生 12 年的生肖画系列

陈履生

从 2006 年（丙戌，狗）开始到 2017 年（丁酉，鸡）的 12 年间，黄永玉先生每年在新年到来之前都以生肖为题材画 12 张画，另外加上封面和说明，自行刊印一本挂历，算是对新年的一种祝福，也是给各位朋友的一份新年礼物。12 年的坚持就成了在国家博物馆展出的“十二个十二个月——黄永玉生肖画展”中的全部，皇皇大观，有令人捧腹的，有令人沉思的，黄氏风格尽在其中。

黄永玉先生与生肖画有着特别的缘分。1980 年中国邮政发行了由黄永玉先生设计的首轮生肖猴票，此后，这第一轮的猴票成了集邮界的神话，无与伦比，也难以复制，市场价位更是神话级的直线蹿升。35 年之后，他再次与中国邮政合作，又有了中国邮政第二轮的猴票。此间，曾经在 2006 年，中国邮政也希望黄先生设计狗年生肖票，无奈黄先生设计的是狗撒尿的造型，未获理解而未能通过，黄先生又不愿意屈就，也就成了一次次不愉快的记忆。然而，正是这一年，或许是因为这不愉快，他又一气画了 12 张一系列的生肖狗，并印制了挂历，从而开启了 12 年的连续动作。

“时间是那么地飞快流逝，眼看我画完了足足十二年的生肖月历。人，究竟还是老了，九十二岁的人再挺也挺不到哪里去了。”——黄先生自己在 2016 年岁末所画生肖的前言中说。无疑，这 12 年为了一件事坚持是不容易的，因为，每年的这个时间都有可能因为其他事情或其他原因而耽误，比如，2014 年的 9 月底，黄先生为了他的意大利文版《沿着塞纳河到翡冷翠》的出版新闻发布会而到了意大利，一路走下来不觉已到年底，当回到他在芬奇镇圣塔玛托的无数山楼家中，想到年年出版的生肖挂历还没有画，“觉得缺了一年不好”，于是，在意大利的家中完成了羊年的这一组生肖画。这其中，比较多的是完成于北京的万荷堂，也有在凤凰故里玉氏山房画的，还有近年在另外的地方画的。

很多画家为了新年，或为了某人的生日（尤其是本命年）之请，都画过生肖中的某种动物，也有画过全套的，但不多；然而，能够坚持画十二年的十二个月的，古今中外可能只有黄先生一人。无疑，在十二种有着不同意蕴的生肖中，有的比较好画，而有的则十分难画。诚如黄先生在 2011 年画壬辰龙的时候所说：“画这套壬辰龙年的挂历比较困难，因为世界上从来就没有过龙，而且有关龙的传说和成语也极有限，大都用俗用旧了，重复老套画来乏味，观看亦无意思，很费了老拙一些心思，勉强榨出这点东西，要请各位原谅。我引用了些龙生九子的材料，出处各异，颇烦周张，这也是学问不够的原（缘）故，甚至还有读不出认不清的生字。这类遭遇是时常发生的，尤其是在铜器的名称上采用有边读边、无边读上下的拙劣办法是难于面对高明的。”由此可见，他不想用俗套来应对这每年一度的大考，因此，每年的这个时间他都用他的方式来表达对来年生肖的一些思考：“今年又是甲午，听起来让人心跳。想起一百二十年前的甲午之战，满清败在日本手里；七十七年前卢沟桥那一仗开始打了八年，日本人算是承认输了。其实他几时真正承认败过？承认有罪？承认对不起中国死难人民？由于天性，他们根本学不起德国民族承认罪过的勇敢精神；加上狭隘的眼光和气量，更看不到今天的中国是什么样的中国！”（2014年，甲午马序言）显然，这“十二个十二个月”不是随便画的。

画基本上不是问题，画什么、如何画才是真正的问题。黄先生生肖画的构思有相当一部分来自俗语，如刚开始画的狗年，基本上都是用的俗语——狗嘴里长不出象牙；画虎不成反类犬；狗咬吕洞宾，不识好人心；狗咬耗子多管闲事；肉包子打狗有去无回；好狗不挡道；狗眼看人低，狗不嫌家贫。可是，到了第二年的猪年，就找不出什么俗语了，因此，他用了所擅长的讽刺的手法画了《牛猪》：“‘大跃进’时报载北京西郊某科研单位培养出一动物新品种，系猪牛杂交而成，取名牛猪，身大如牛，外貌似猪，满山乱跑，不用喂饲，终日以青草为主食，性情活泼善良，适于大量繁殖推广，可惜这消息之后没有下文。遗憾！遗憾！”当然这其中也有他最喜欢和最拿手的生肖猴，2015年，他在其生肖挂历的序言中说：“猴子跟人关系密切，所以常被作为玩笑对象。他捂嘴巴、蒙眼睛、堵耳朵的民间雕塑和绘画形象流传东南亚一带，用来当做孔夫子的‘非礼勿视、非礼勿言、非礼勿听’的教喻（谕），后来我在印度好像也见过这类古代雕刻，就觉得不尽然全是孔夫子的意思了。……所以，我重新恭请几位猴大哥出来做些不同的动作，欢歌我们今天现代文明的新时代和新气派。”“跟猴子开玩笑的材料到处都是，可惜一年一二个月容纳不下，只好请诸君原谅包涵了。”

在画什么的问题上，黄先生经常以借用的方式来避开直接面对生肖的形象。如类型上的借用，画蜗牛，题“都像蜗牛这种搞法，咱们地产商就难混了”。同音上的借用，牛年画牛顿，“万有引力姓牛”；又在马年画一对父子在马克思的画像前，

“爸！这个外国老头怎么也姓马？”；虎年画虎子，“夜壶取了个虎子的名字，晚上用起来心惊胆战”。还有关联上的借用，画长着羊角羊腿的芳诺，“阿波罗找芳诺比赛吹笛，阿波罗输了，很不高兴，罚芳诺长了羊角羊腿去牧羊，吹一辈子的笛。芳诺不以为意，高高兴兴每天吹他的笛，放他的羊”。而在龙年，以“龙生九子”为主题，9幅都没有龙的形象出现，却以讽刺的手法表现了其与“龙的传人”的关系，直面当下。

这种关联有时候表现在具体的事件上，往往是黄先生的怀旧的表达，是他的故事会的“释放”。他在虎年画一红衣绿裤、乐呵呵地抱着小虎的女孩，题：“四十年代……春天老师带学生春游，至郊外，学生在山洞各抱一小虎出来，并说洞里还有，吓得老师吹哨集合赶忙回家，幸母老虎没有回来……”黄先生有着满肚子的故事，其中有着岁月的积累，也有着平时的搜集和打听，他的记忆力是惊人的。而这些故事正成为他的总字数将近300万的长篇小说《无愁河的浪荡汉子》的内容。当他为了《无愁河的浪荡汉子》的连载而不间断地从事小说的写作，其中有些故事也就自然成为生肖画的材料。

黄先生生肖画的最大特色就是其“黄氏幽默”，他的具有漫画特点的形象构成，他的题语，以及文与图相得益彰的配合，往往令人拍案叫绝——“他真的想得出来”，人们经常会这样感叹这位可爱的老头所特有的鬼才。他画《嫁狗随狗》，画一打着领带的蹲着的狗，左侧站立一盛装但不露脸的新娘；画一乡间常见的赶着种猪的人，题“猪卖爱情人收钱”；画一肥猪，题“人自己减肥却怕我瘦”；画一猫推着坐着老鼠的车，题“也不想一想，它为什么对你这么好？”；画《老鼠吹牛系列》，之一“我把老鼠夹子当健身器”，之二“我拿耗子药当早餐”，之三是老鼠指着怀孕挺着大肚子的猫，说“她肚子是我搞大的”，如此等等。他的这样一种讽刺而幽默的方式，不管是用于政治的、社会的还是生活的，都形象地表达了对一个问题的看法。其中有些是直面现实的，如画身陷囹圄的父子，题“虎父无犬子”；画月亮前捣药的兔子，题“月亮上面造假药最保险”；画被马的后蹄踢倒的伯乐，题“伯乐早晚也会挨一脚”；画一穿风衣、感觉还很时尚的打手机的男人，题“龙的第四个儿子好鸣好吼，现在街上常能看见”；画一背双肩书包、被压弯了腰的男童，讽刺当下小学生学业太重的问题，题“人们错误地把石碑下的它看成乌龟，其实它是龙的第六太子”，“练好了，长大好托碑”；画一喝醉伏案的男子，题“又贪钱，又贪吃，叫做饕餮，也是龙的传人”。在“花果山水帘洞一万次代表大会”的横幅下，老猴王正在大叫“开会了！不要玩手机”，而其前面塞满画面的15只猴个个在玩手机。他画生肖猴所表现的“新时代敢看”“新时代敢听”“新时代敢说”“新时代好唱歌”，都极具时代特色。

黄先生的幽默是带刺的，有时显得非常刻薄和辛辣，但是智慧的。他画一打猪的养猪者和他的猪，题“你不肥我就打，你打我就不肥”；又有“虎落平阳受犬欺，这话从哪儿说起？欢迎还来不及”；“不分黄猴、蓝猴、绿猴、灰猴，能摘桃子就是好猴”；“挂羊头，卖狗肉，这是古时候的话，今天狗肉比羊肉贵，谁会做这种蚀本生意？”……黄先生的幽默还具有深刻的哲思，他借鉴了《吕氏春秋》中孔子与其最得意的弟子之一颜回的故事，以及故事中所表达的“故知非难也，孔子之所以知人难也”的思想，画孔子正在啃一小猪，旁边有散落的空空的盘和盆，“孔子困于陈蔡，捡到什么吃什么，也就顾不上礼不礼了”。又如，画一躺在粮食堆里、抽着烟的老鼠，题“丰衣足食好说，但要看谁在丰衣足食？从哪里来的丰衣足食？”

黄先生的生肖画有着浓厚的文学滋味，耐人寻味。而这种文学的感觉来自古今中外，他在文字的穿越中辅助绘画的表达，所用词语的讲究并不是一般而言的那种所谓的“文学性”和“诗性”，而是“黄氏风格”中的多种融合，是一种语言趣味的表达，正和他绘画语言的表现一样。不管是画，还是文；不管是像《垒卵戏》那么复杂，还是像《丧家犬》那么简单，黄先生的生肖画都非常简明地表达了构思立意，其中绘画的传神达意则是他的基本功所在。就一般而论，俗语“咬人的狗不叫”是很难表现的，黄先生则着力于狗的眼神，“不叫”则在狗的眼神中表现即将“咬人”之前的一种状态。

黄先生生肖画所表现出来的生活的厚度、思想的广度以及知识的深度，在生肖画中串起了他艺术的长度。因为他不是写作的专业作家，他也不是专门画生肖的画家，他以多样性的综合实力给当下的文艺界以很多的启发。他以12年的生肖画系列告诉人们：画生肖是有趣的，做画家能画生肖是幸福的。

请扫码，看黄永玉
十二生肖展览视频。

子鼠

生肖·鼠　　黄永玉作　戊子 2008 年

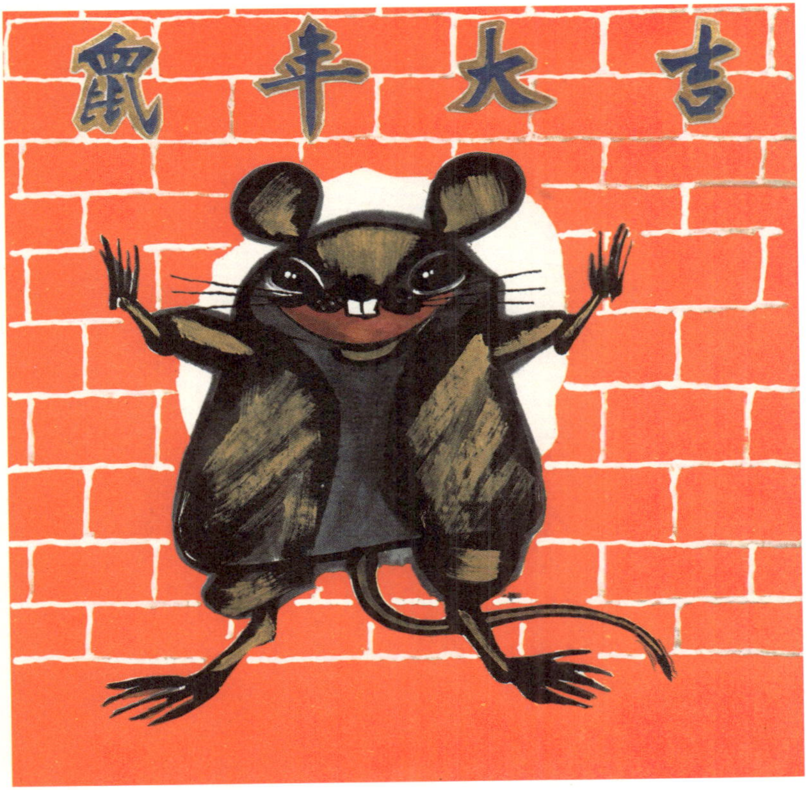
鼠年大吉

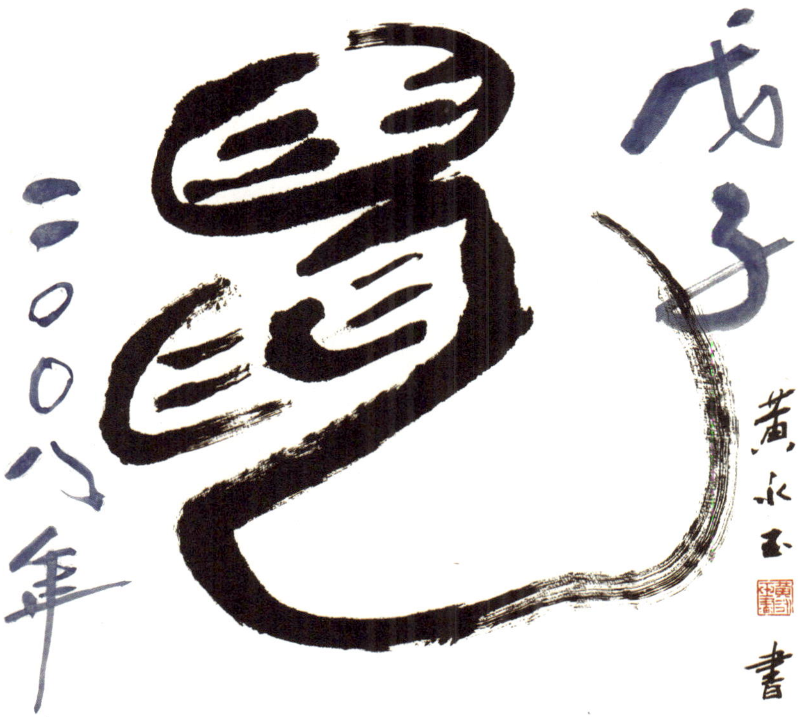
戊子
二〇〇八年
黄永玉
書

大象吃耗子，不够塞牙缝！

六

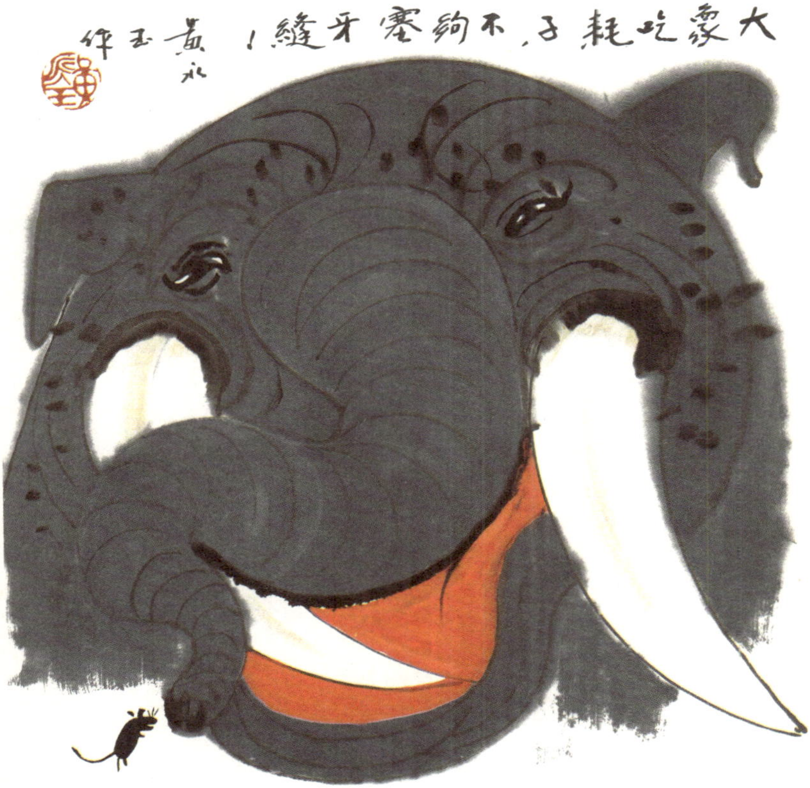
大象吃耗子，不够塞牙缝！
黄永玉作

也不想一想，
它为什么对你这么好？

八

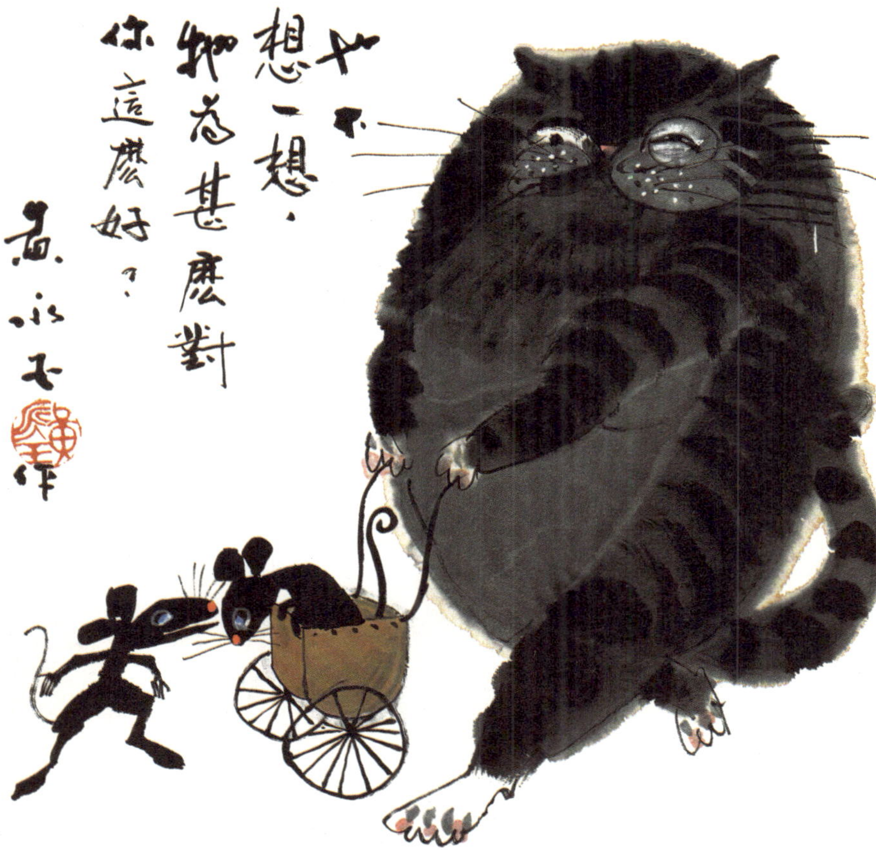
也不想一想，
牠為甚麼對你這麼好？
黃永玉作

我把老鼠夹子当健身器。

（老鼠牛B之一）

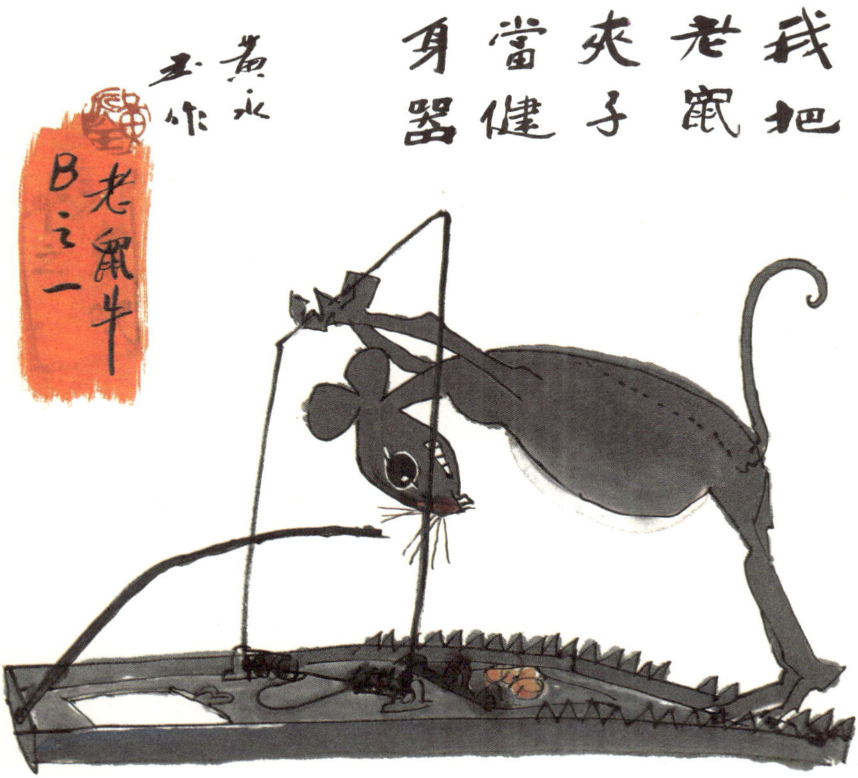

我把老鼠夾子當健身器
黃永玉作
老鼠年
B之一

我拿耗子药当早餐。
（老鼠牛B之二）

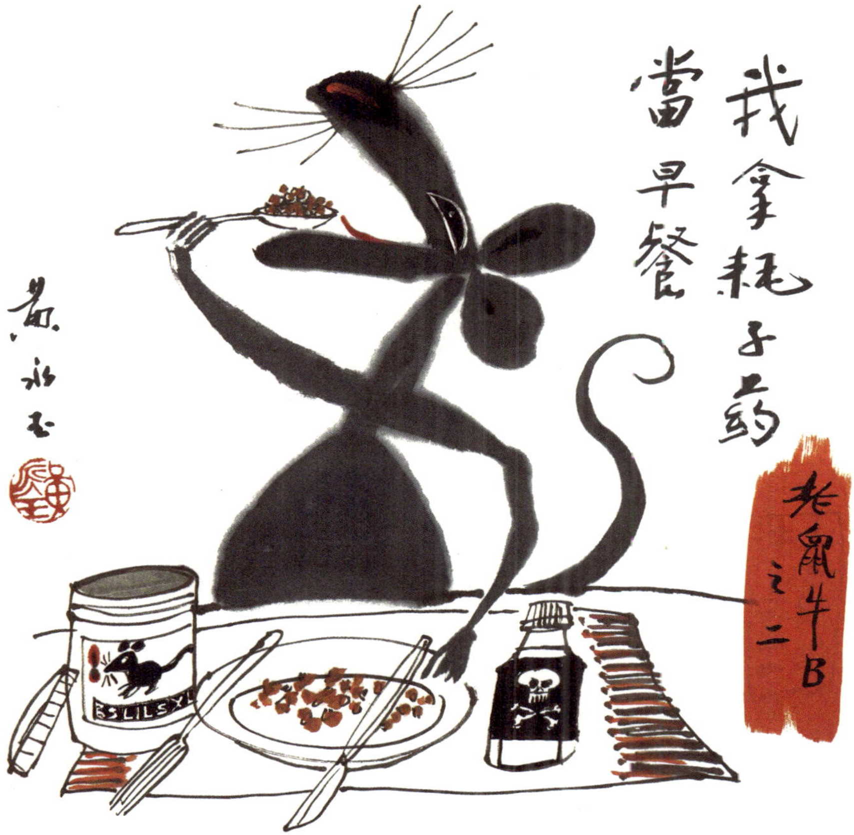
我拿耗子药
當早餐
老鼠牛B之二
黄永玉

她肚子是我搞大的！

（老鼠牛B之三）

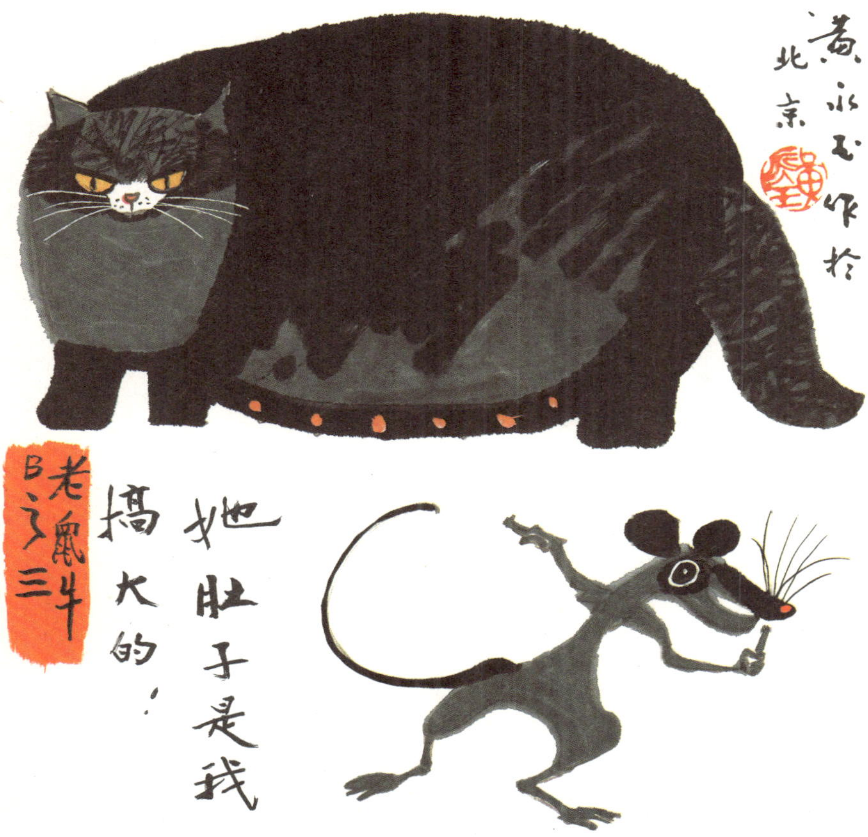
黄永玉作于
北京
她肚子是我
搞大的！

耗子给猫当三陪，
要钱不要命。

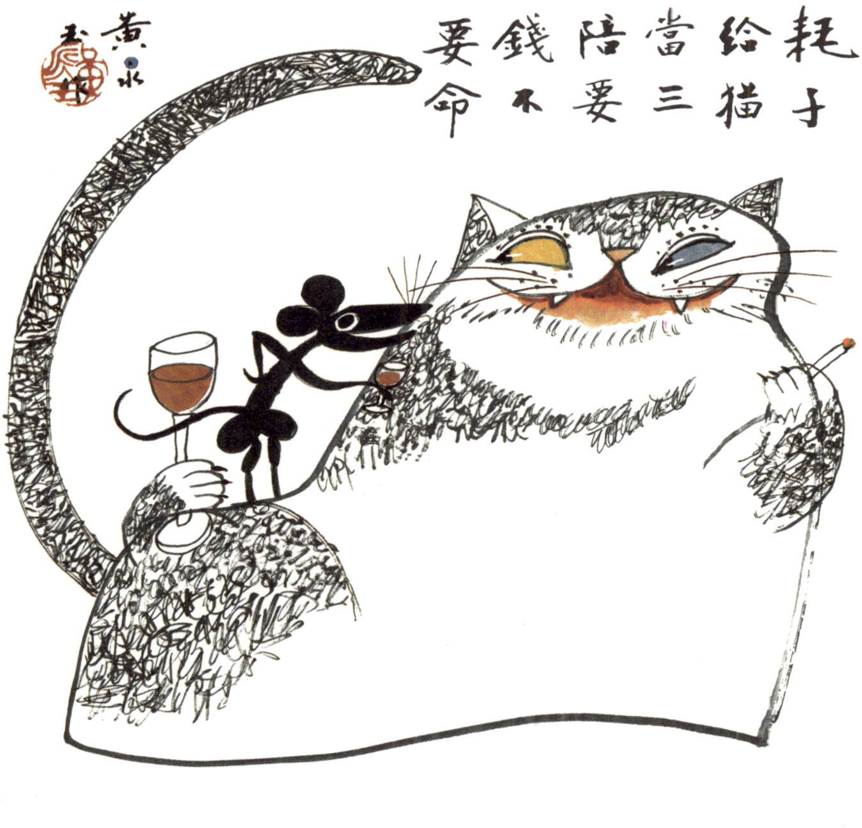
耗子给猫当三陪
要钱不要命
黄永玉作

爱得没有原则就是祸害。

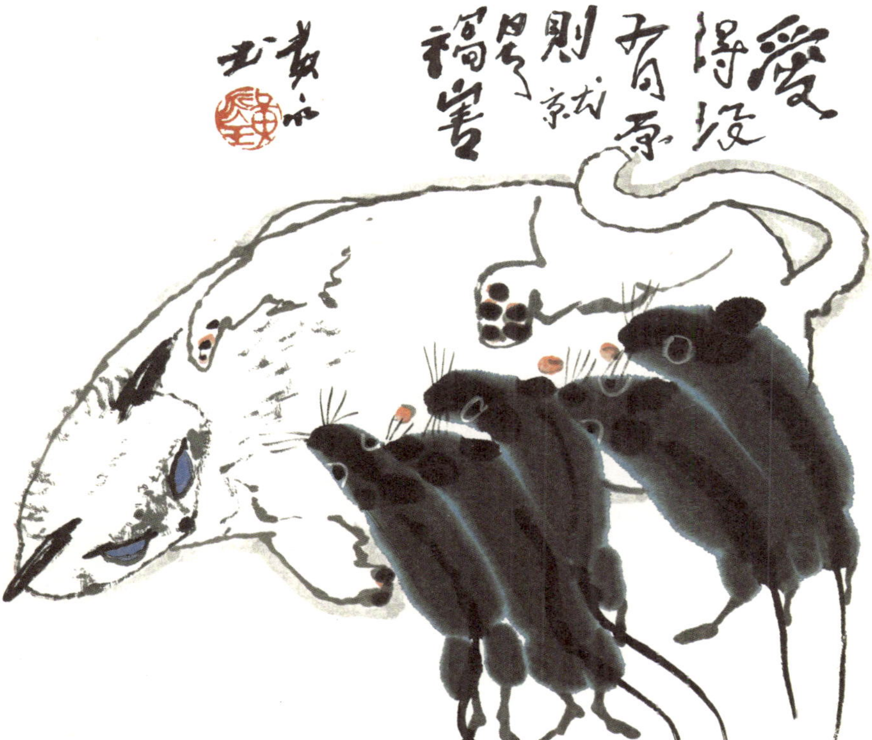

咱俩合资买只宠物
好不好？

二〇

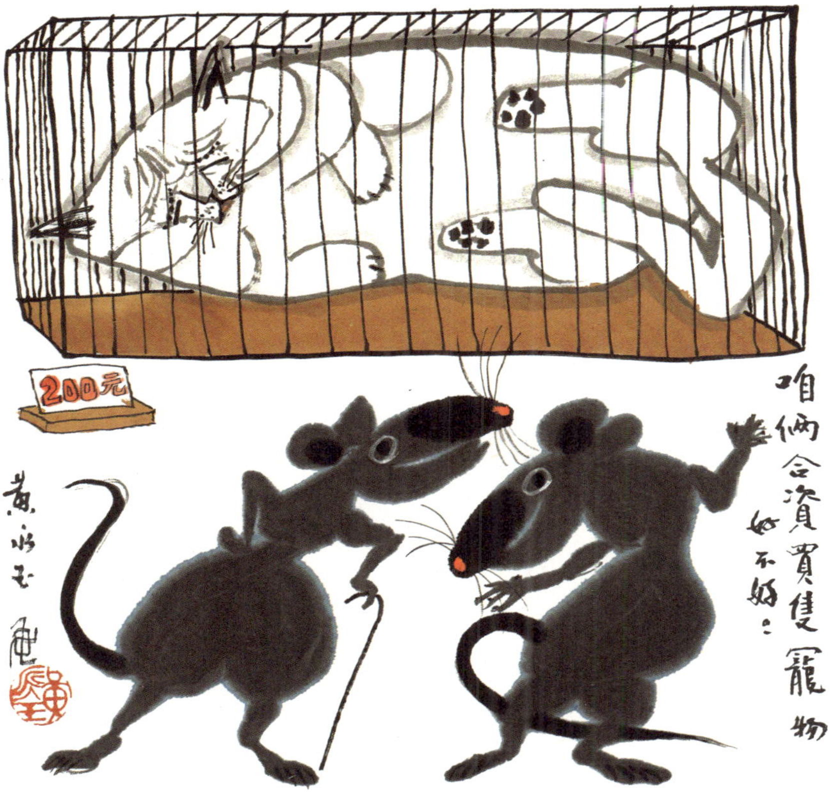
200元
咱倆合資買隻寵物
好不好
黄永玉

全家福

曹禺先生《北京人》剧中有云『小老鼠生小小老鼠』。余谓：小小老鼠尚可生小小小老鼠，尚可生小小小小老鼠，尚可生小小小小小老鼠，尚可生小小小小小小老鼠……老鼠药、老鼠夹子不顶用，连专抓老鼠的猫有时也不顶用。

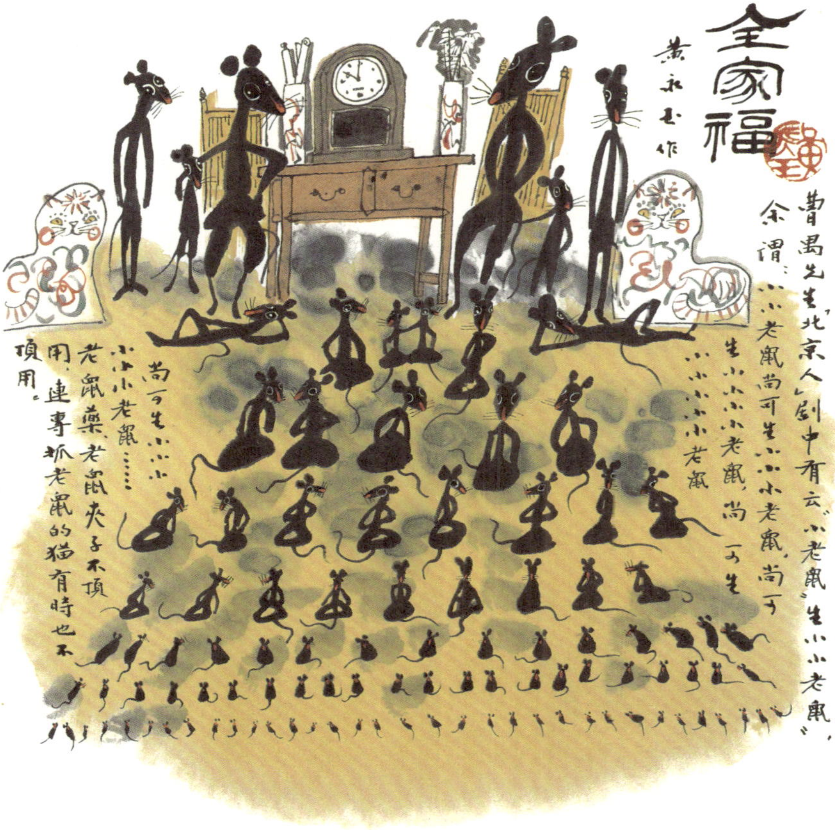
全家福
黄永玉作
曹禺先生「北京人」剧中有云"小老鼠"生小小老鼠，
余谓：小小老鼠尚可生小小小老鼠，尚可
生小小小小老鼠，尚可生
小小小小小老鼠
尚可生小小小
小小小老鼠……
老鼠药、老鼠夹子不顶
用，连专抓老鼠的猫有时也不
顶用。

我丑我妈喜欢。

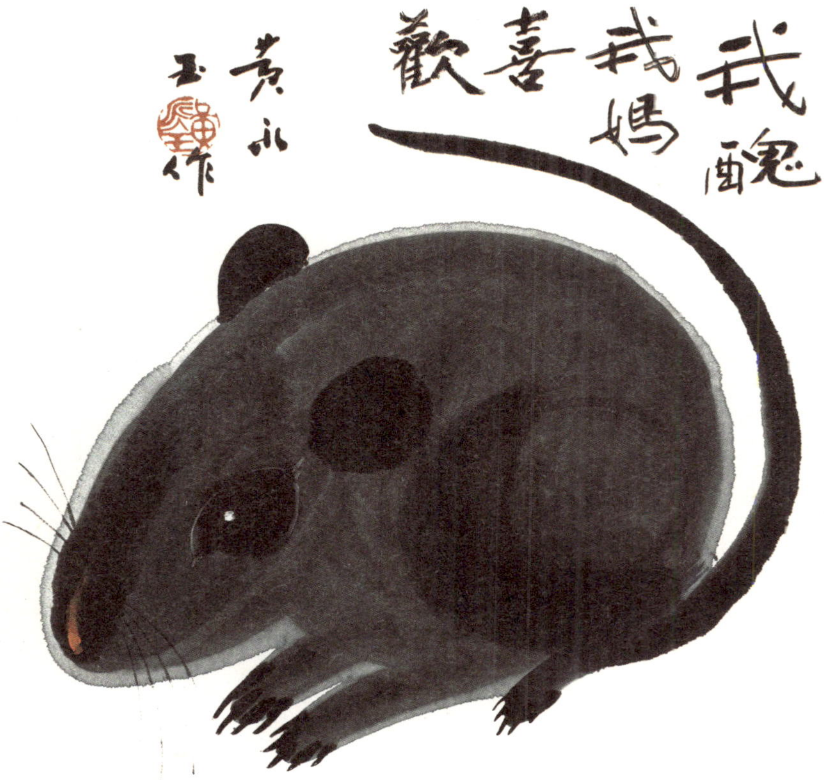
我醜
我媽喜歡
黄永玉作

丰衣足食好说，
但要看谁在丰衣足食？
从哪里来的丰衣足食？

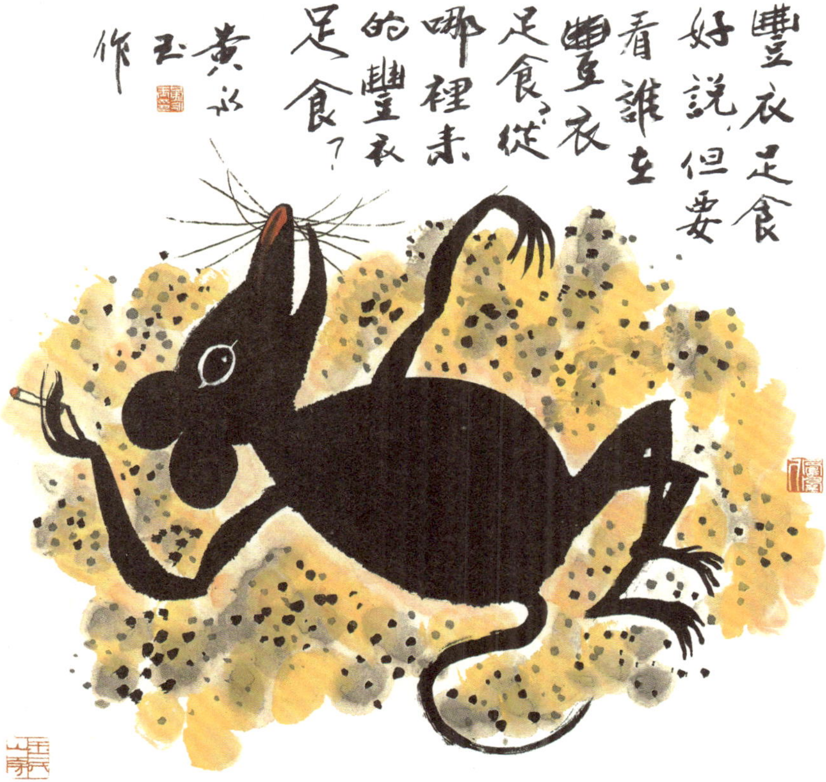
豐衣足食好說，但要看誰在豐衣足食，從哪裡來的豐衣足食？
黃永玉作

妈妈！瞧！小天使！

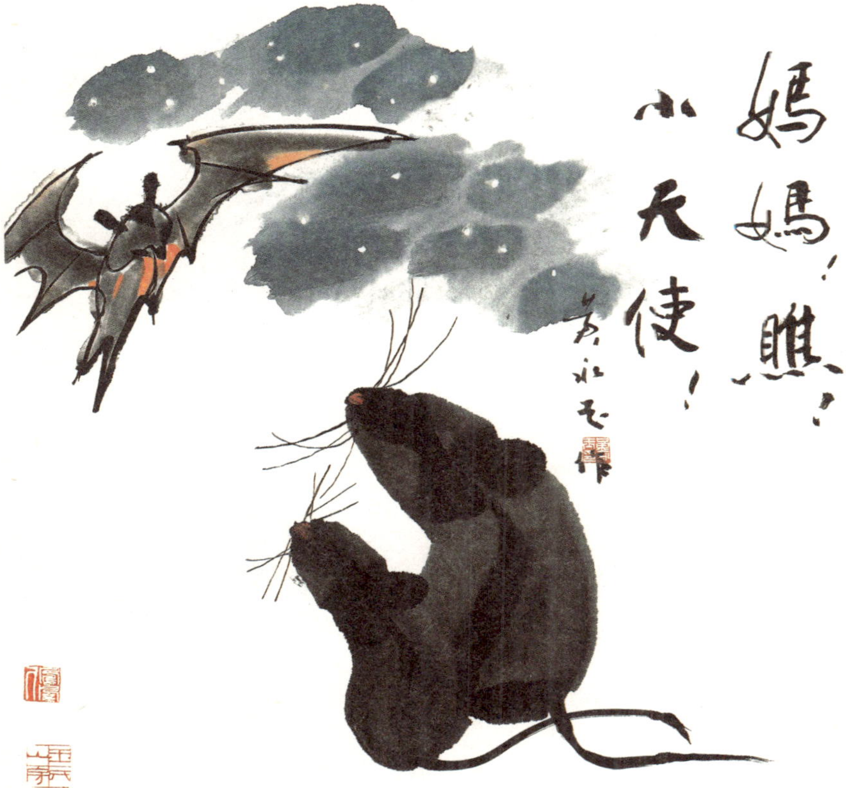

媽媽！瞧！
小天使！
黃永玉作

丑 牛

生肖·牛　　黄永玉作　己丑 2009年

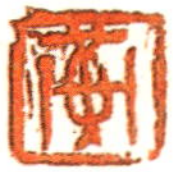

琴操曰，甯戚飯牛車下叩角而商歌曰：南山矸、白石爛、生不逢堯與舜禪、短布單衣裁至骭，長夜冥冥何時旦，齊桓公聞之舉以為相。一個放牛郎唱个歌，做兩句散板，就可以當宰相，可知道宰相可不是隨便當得的。看起來齊桓公識人的本領也着實了得。古時候，找人材也的確不易。眼前的政治家，是不須用唱歌找官做的，不過能情着嗓子唱首歌、做、兩首像樣的詩，卻還是可愛可敬的。

黃永玉 己丑書於萬荷堂

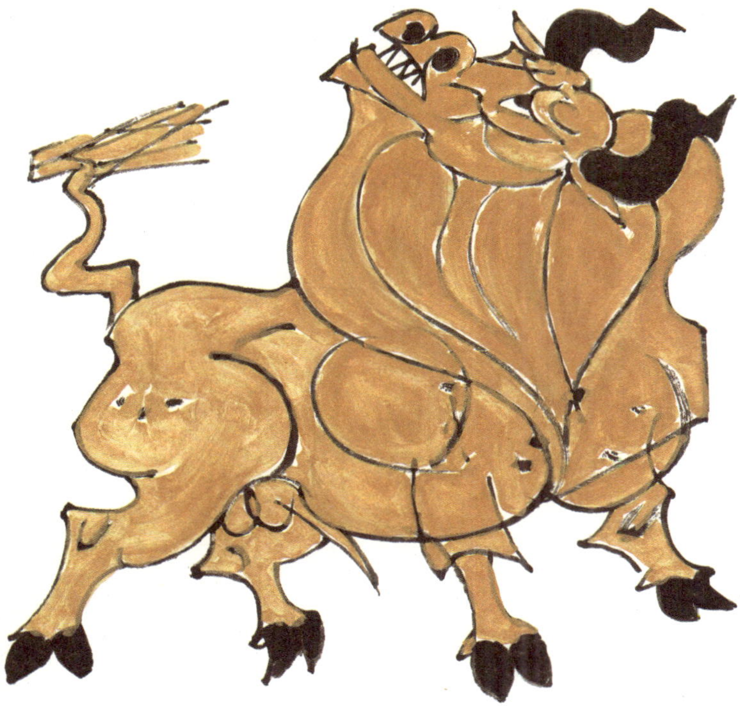

万有引力姓牛。

三六

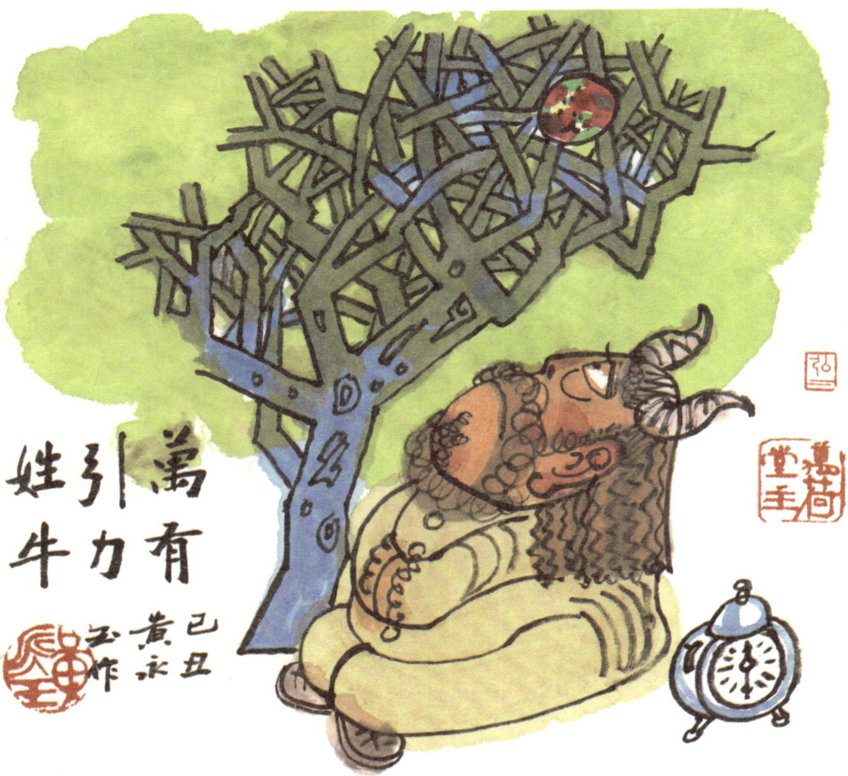
萬有引力姓牛
己丑 黄永玉作
萬荷堂主

初生犊儿不怕虎，
你想到结局是什么吗？

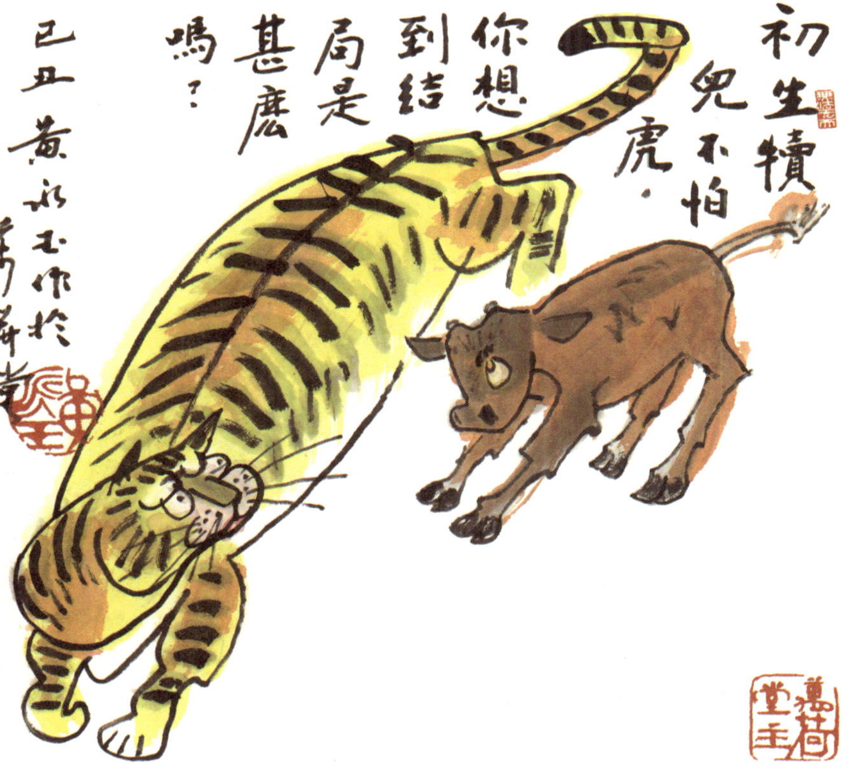
初生犢兒不怕虎。
你想到結局是甚麼嗎？？
己丑黃永玉作於萬荷堂

吹牛不用打稿。

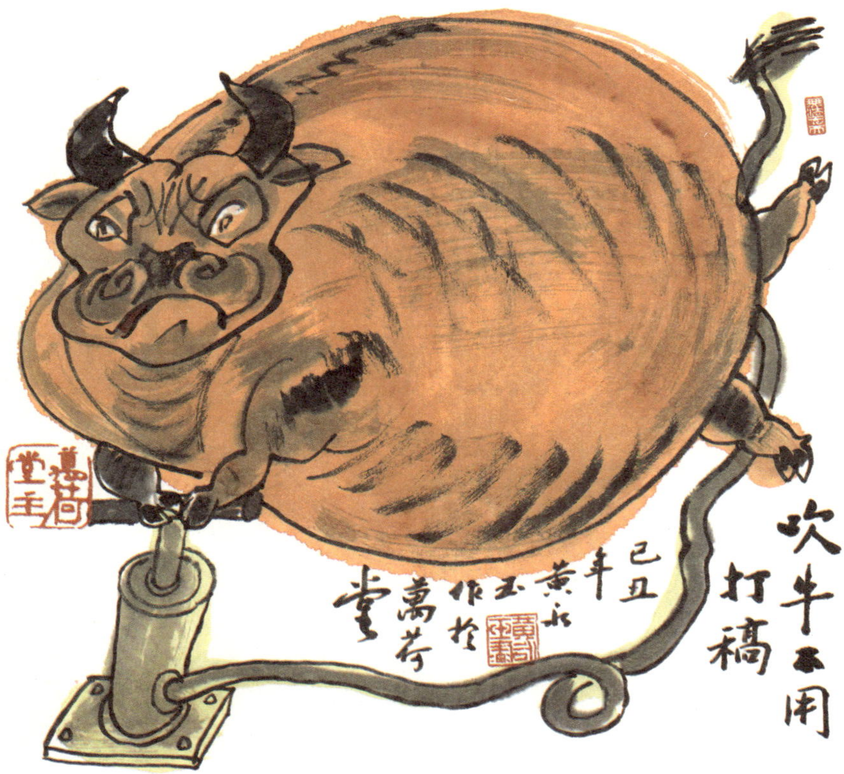
吹牛不用打稿
己丑年黄永玉作於萬荷堂

牛头没事对马嘴干啥？

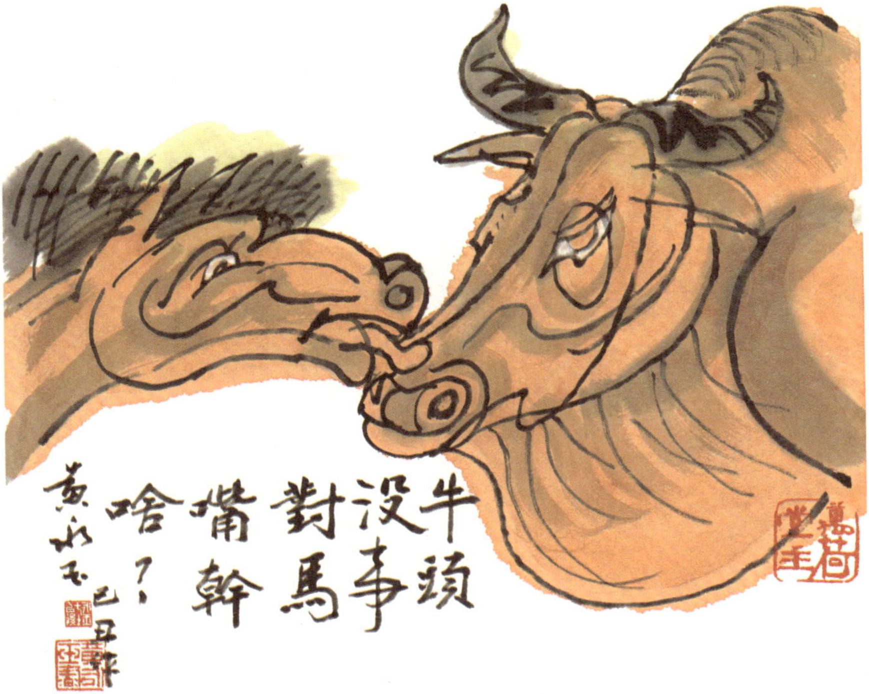
牛頭沒事對馬嘴幹啥了
黃永玉 己丑年

外行挤奶员

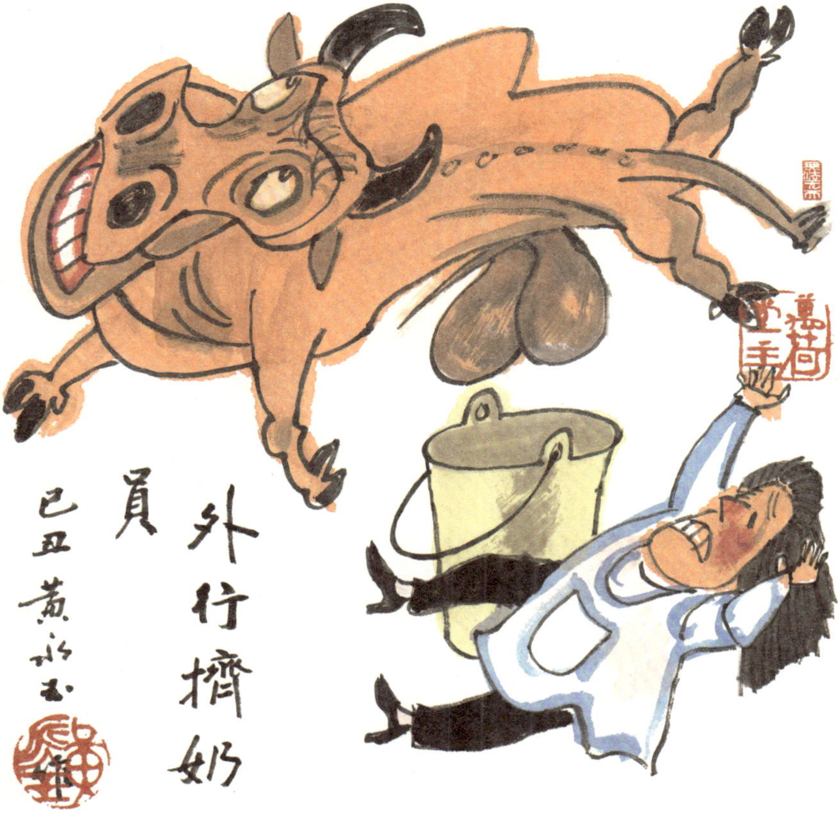
外行擠奶員
己丑黃永玉

庖丁解牛？

四六

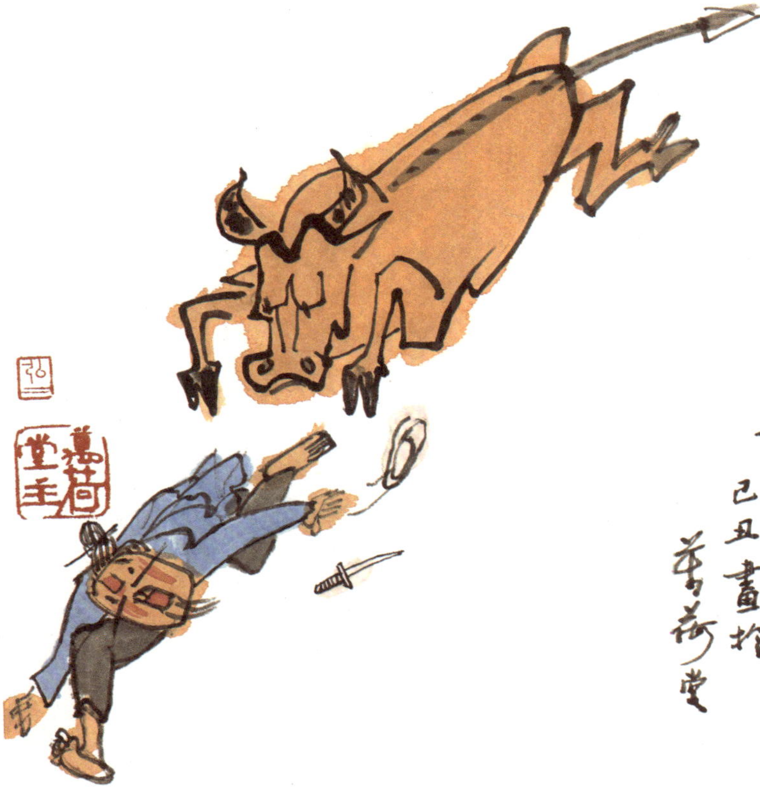
庖丁解牛了
黄永玉己丑畫於萬荷堂

都像蜗牛这种搞法，
咱们地产商就难混了！

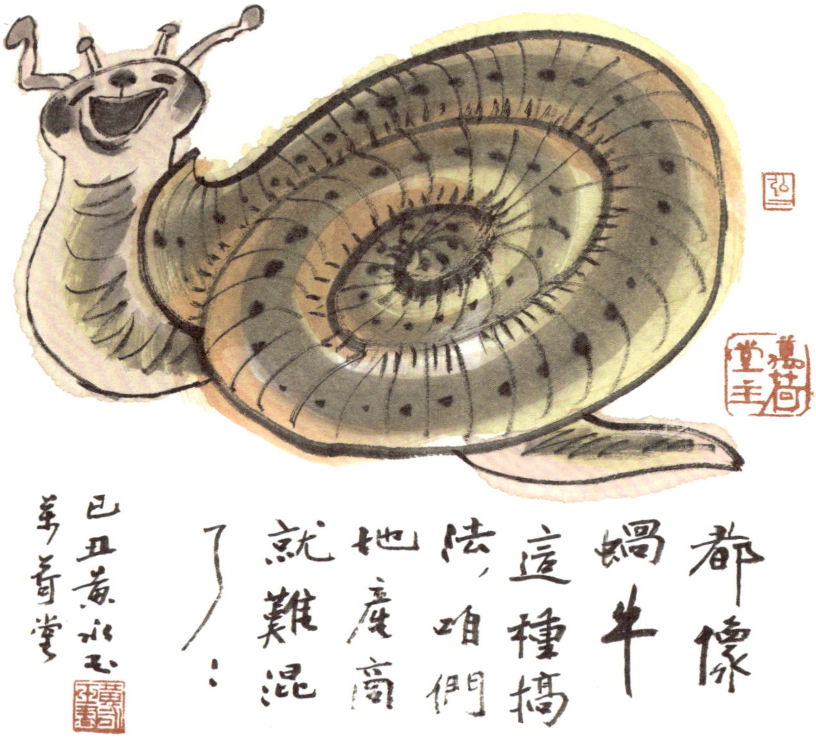
都像蝸牛這種搞法，咱們地產商就難混了！
己丑黃永玉
萬荷堂

小孩：你知不知道世上
曾经有两种牛棚？

五〇

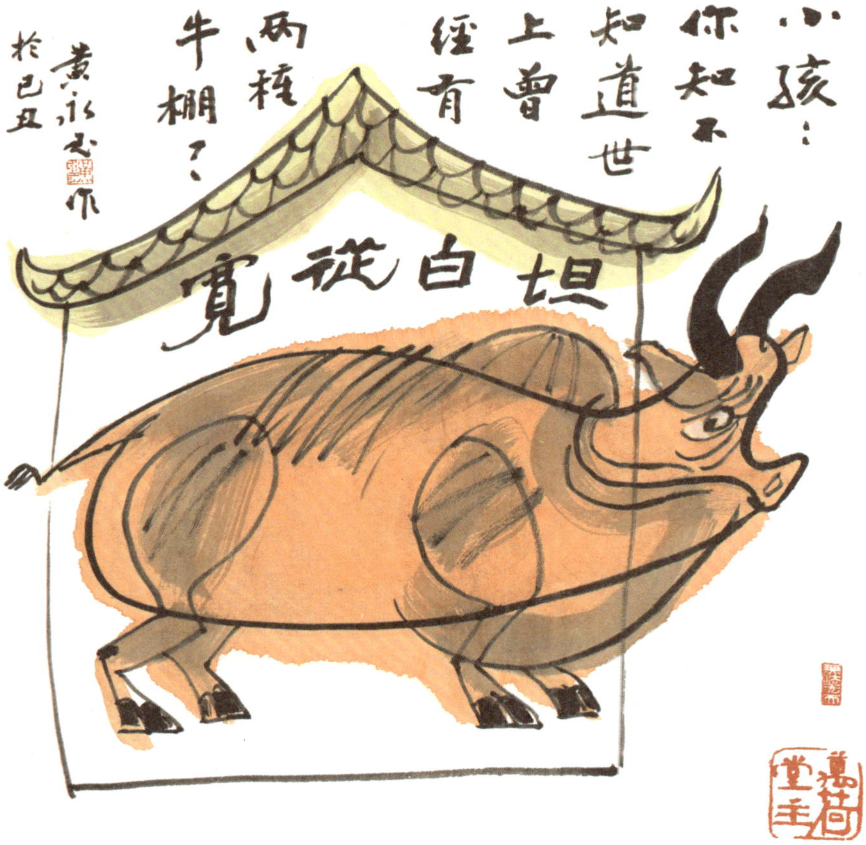
小孩：你知不知道世上曾經有兩種牛棚？
黄永玉作
於己丑
坦白從寬

不是怀孕，
是孙悟空在里头。

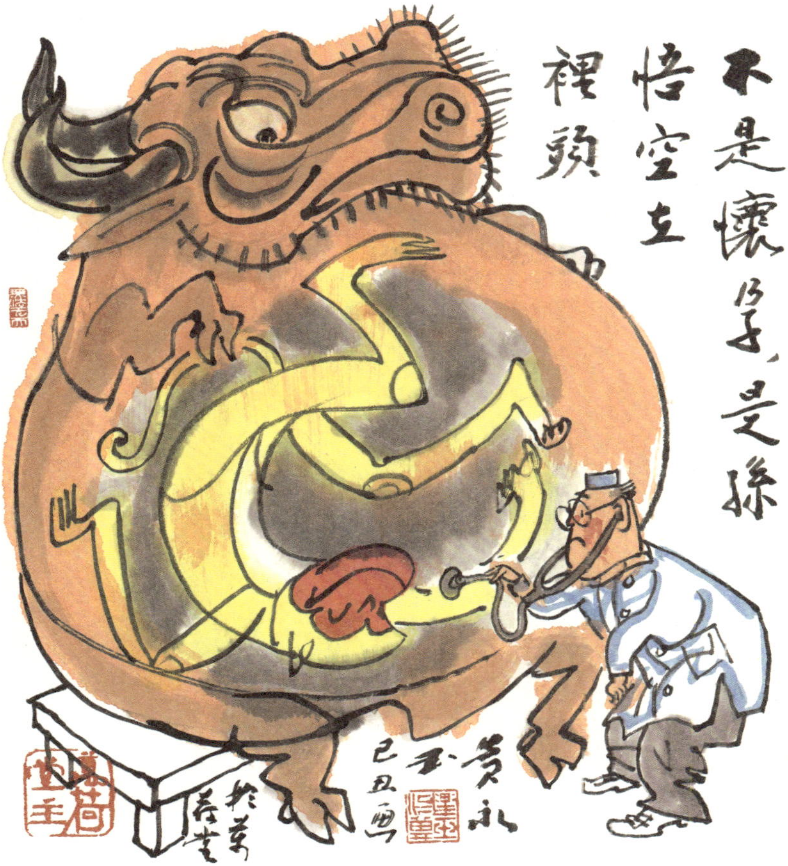
不是懷孕、是孫
悟空在
裡頭
黃永玉己丑畫於萬荷堂

借问酒家何处有？
牧童遥指牛温吞。

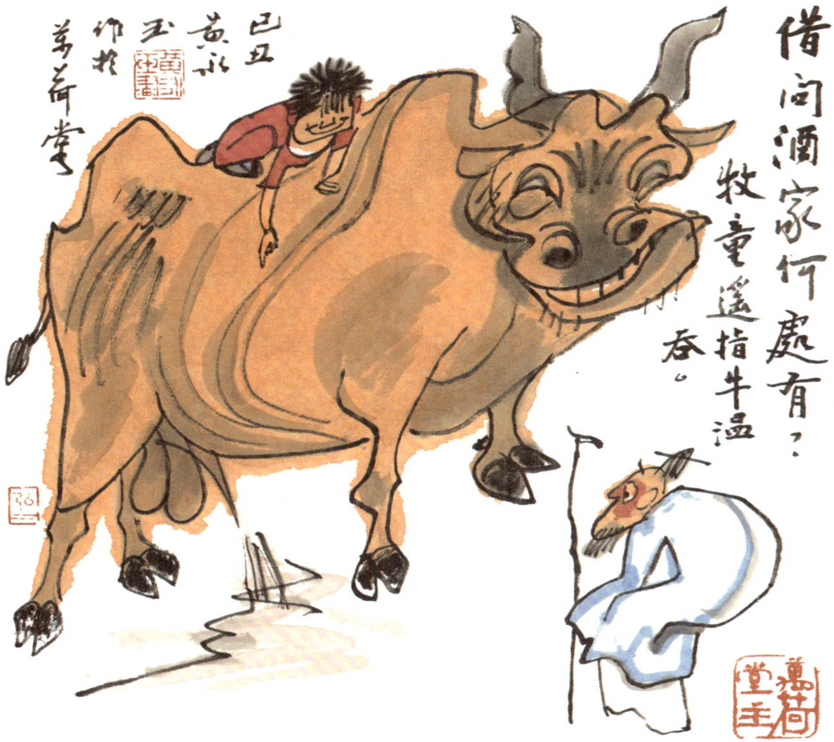
借问酒家何處有？
牧童遙指牛温春。
己丑 黄永玉 作於 萬荷堂

孺子牛最怕孺子虎。

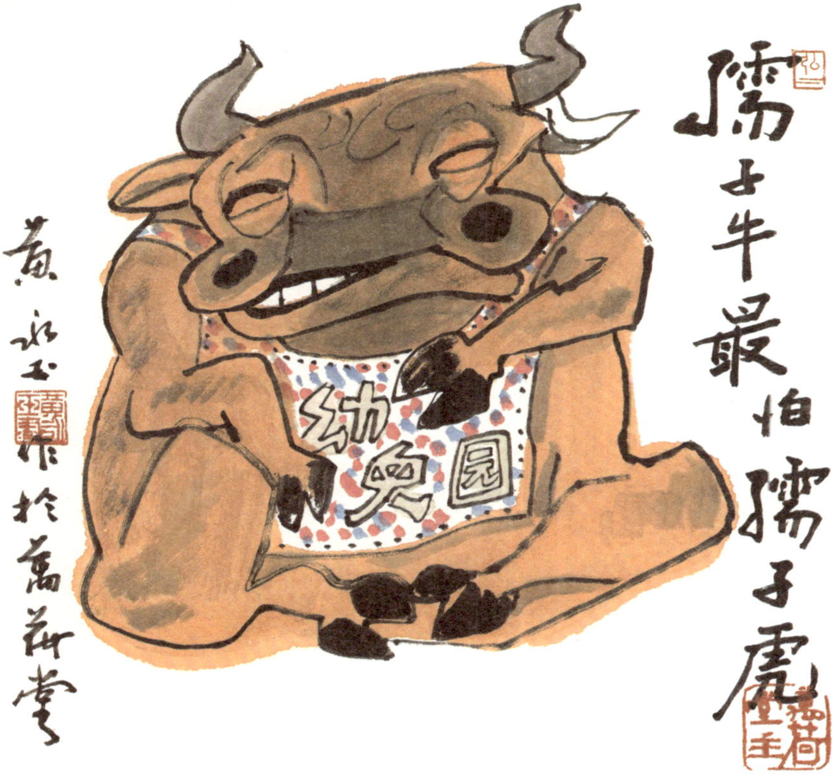
孺子牛最怕孺子虎
黄永玉作於萬荷堂

大概是宋朝吧，有位画家画牛打架，尾巴竖得很高，用尽力气，旁边欣赏的行家都很赞美，这时来了一位老农民，觉得画得不对，他说牛打架，尾巴都夹在屁股缝里，紧得连扁担也扛不开来，于是大家都跟着老农民嘲笑了这位画家。几百年过去了。其实牛打架有扬尾巴的，也有夹尾巴的，西班牙斗牛都扬尾巴，毕卡索的画上可见，浙江金华斗牛也可见，但广西农村斗牛，夹和扬都有。

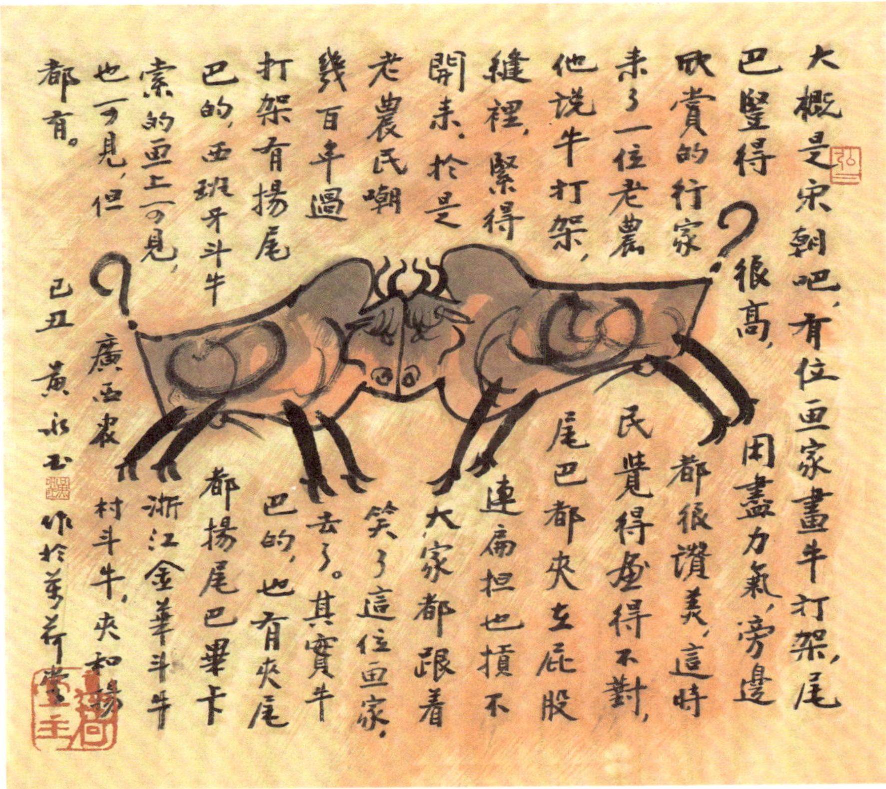
大概是宋朝吧，有位画家畫牛打架，尾
巴豎得很高，用盡力氣，旁邊
欣賞的行家都很讚美，這時
来了一位老農民覺得画得不對，
他说牛打架，尾巴都夾在屁股
縫裡，緊得連扁担也擠不
開来，於是大家都跟着
老農民嘲笑了這位画家，
幾百年過去了。其實牛
打架有揚尾巴的，也有夾尾
巴的，西班牙斗牛都揚尾巴畢卡
索的画上一〇見，浙江金華斗牛
也一〇見，但廣西農村斗牛，夾和揚
都有。
己丑 黃永玉作於萬荷堂

生肖·虎　　黄永玉作 庚寅 2010年

寅虎

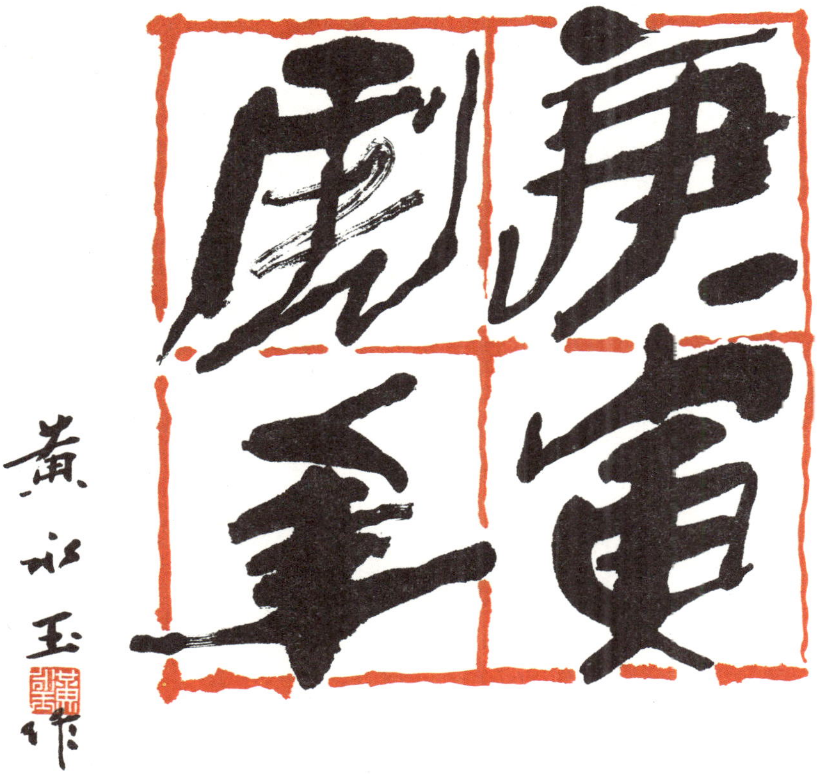
庚寅虎年
黄永玉作

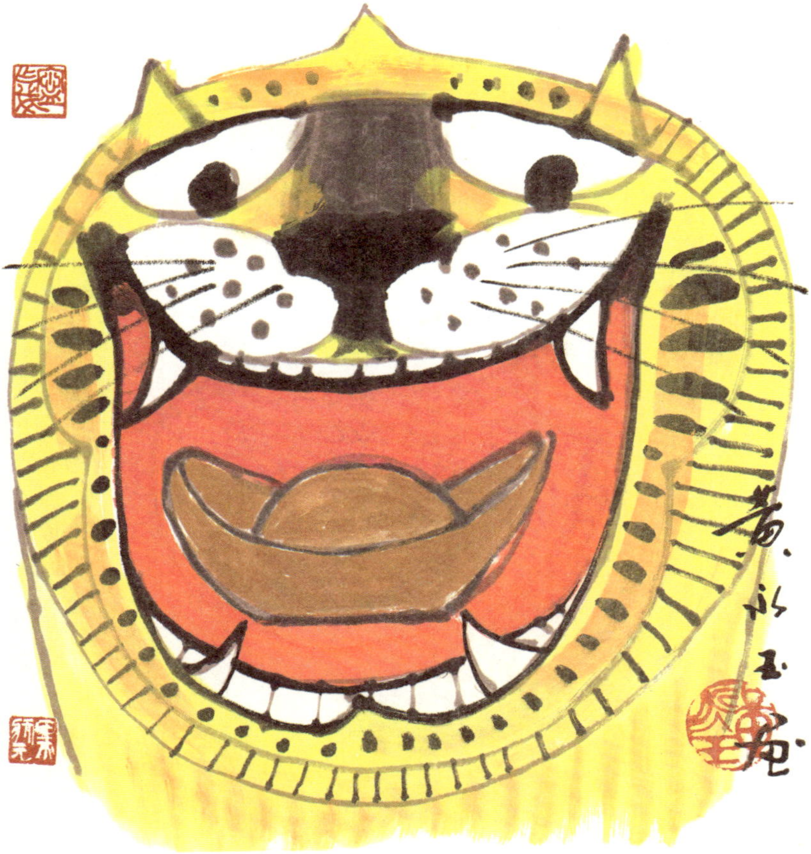

老虎退休还是老虎。

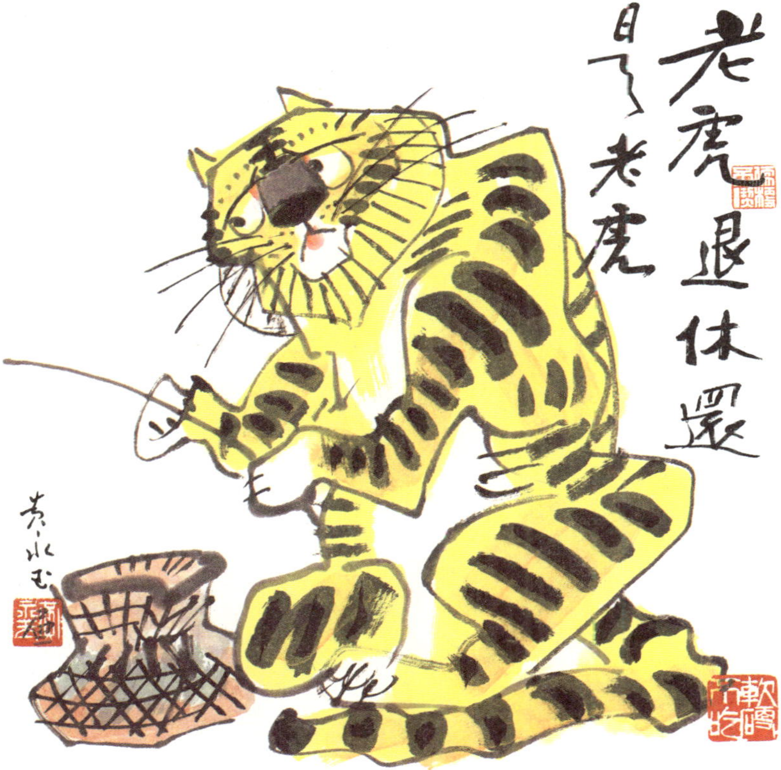
老虎退休還
是老虎

老虎放羊，饿了吃什么？

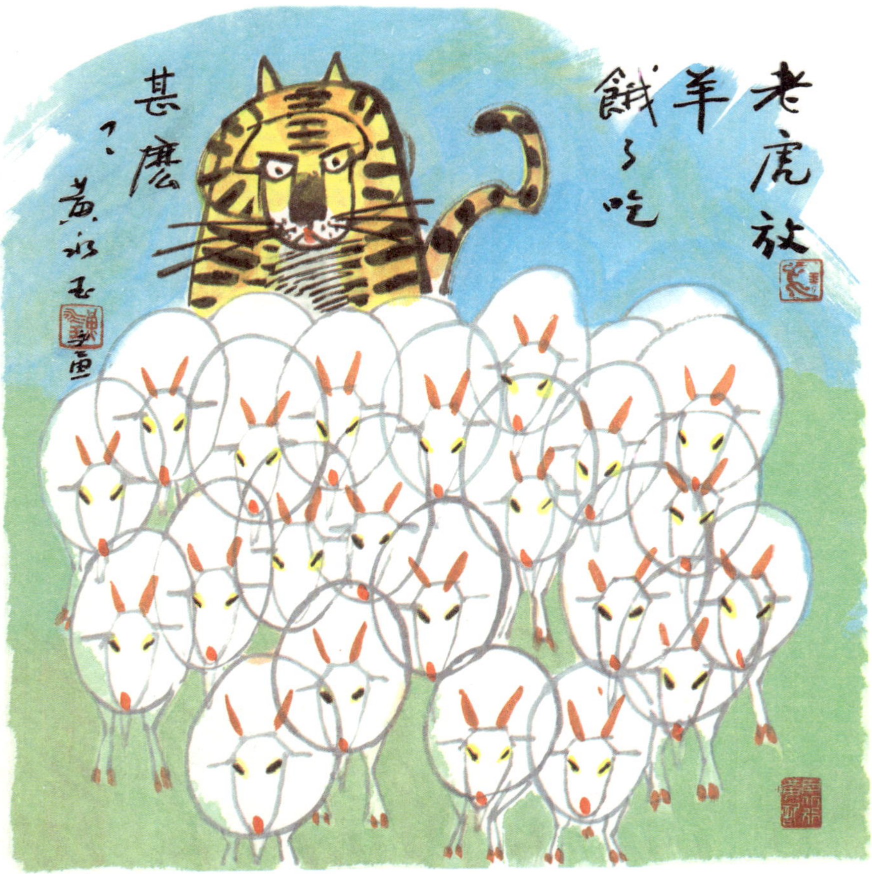
老虎放
羊
餓了吃
甚麼
黃永玉畫

老虎不小心吃了老太婆的儿子，觉得很对不起老太婆，便给老太婆当儿子，每天侍候老太婆。有一天老太婆死了，老虎哭了三天，自己回山里去了。

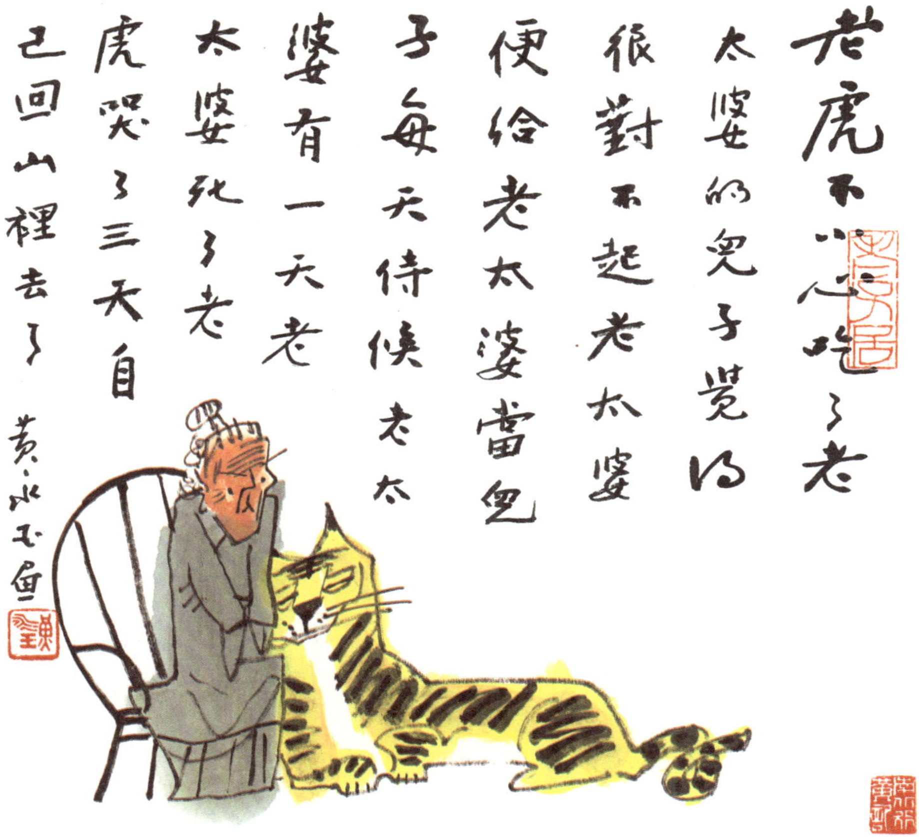
老虎不小心吃了老
太婆的兒子覺得
很對不起老太婆
便給老太婆當兒
子每天侍候老太
婆有一天老
太婆死了老
虎哭了三天自
己回山裡去了
黄永玉画

夜壶取了个虎子的名字，
晚上用起来心惊胆战。

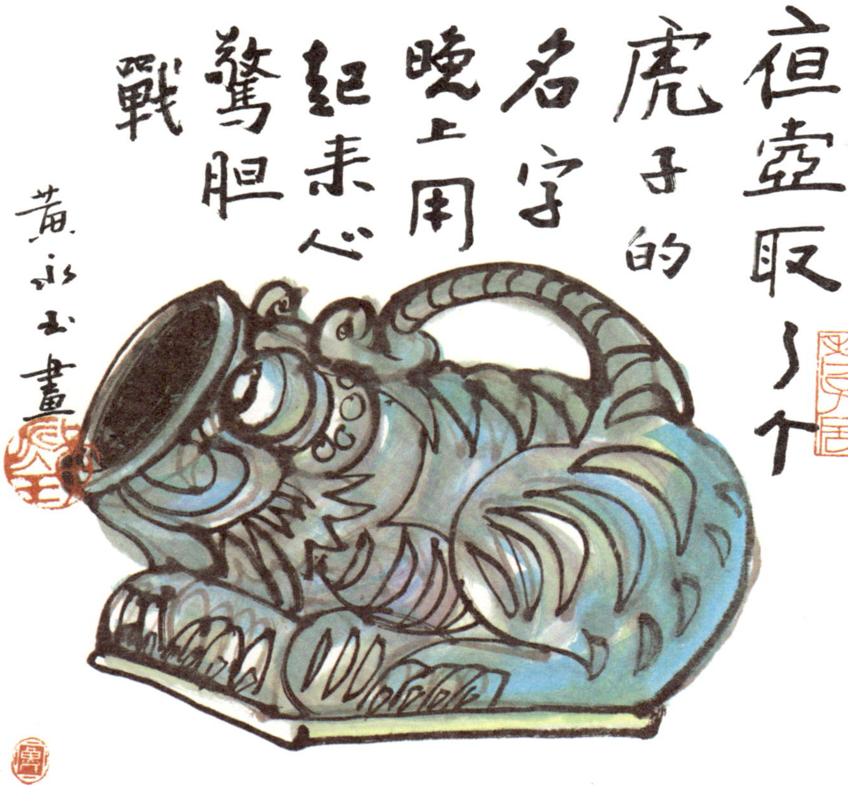
亱壶取了个虎子的名字晚上用起来心惊胆战
黄永玉画

虎落平阳受犬欺，这话从哪儿说起？
欢迎还来不及……

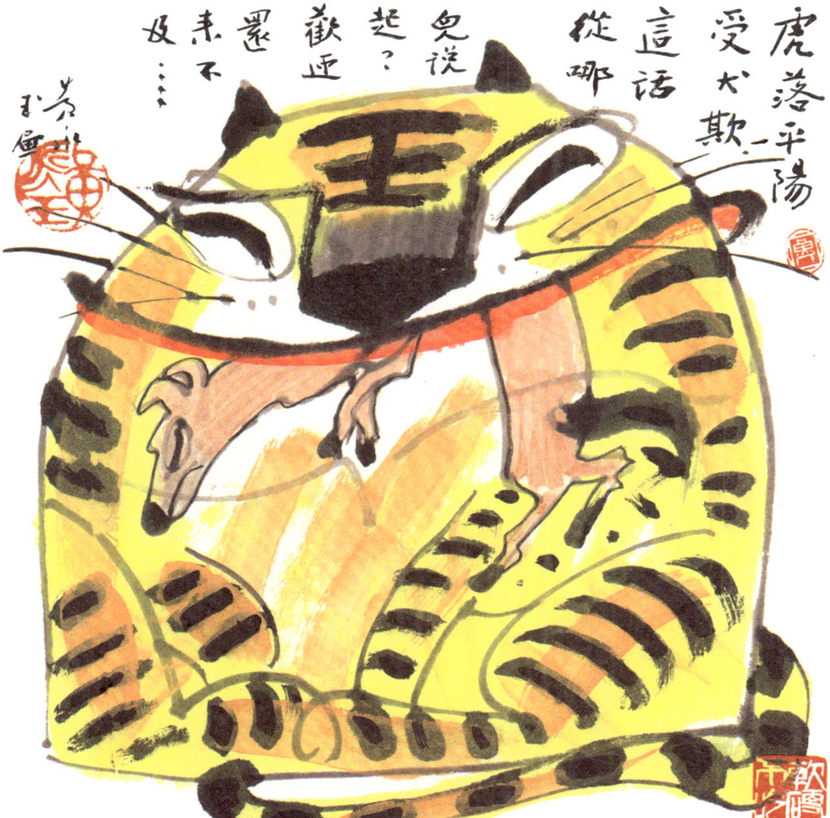
虎落平陽受犬欺，這話從哪兒說起？？歡迎還來不及……

谁他妈这么缺德？

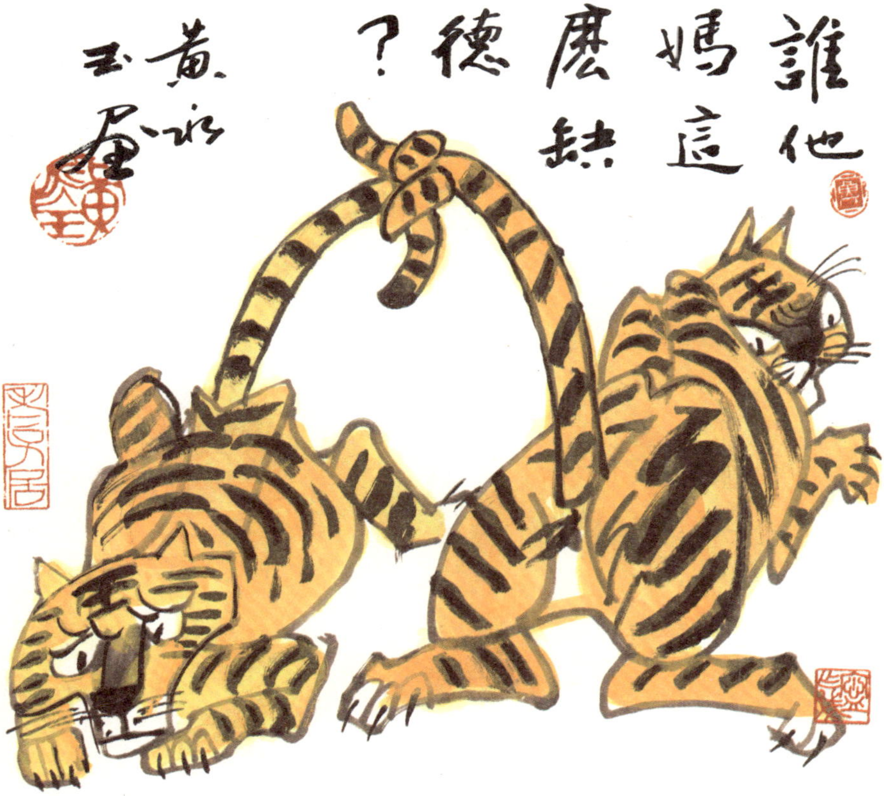
誰他媽這麼缺德？
黃永玉

老虎屁股摸不得，
斫得！

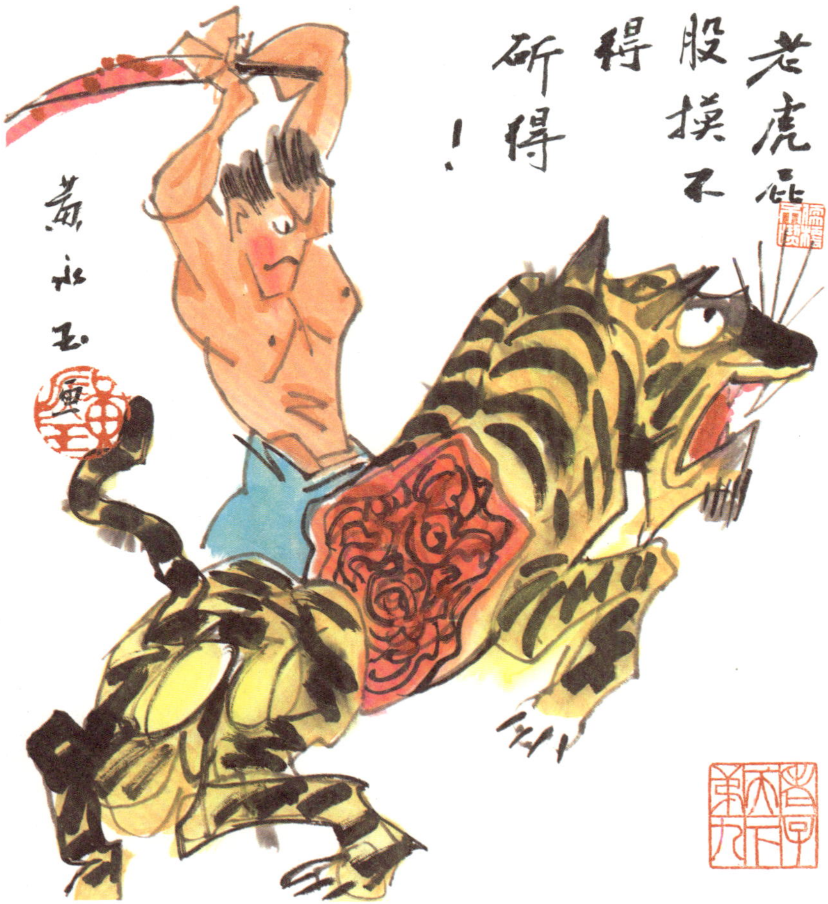
老虎屁股摸不得
斫得！
黄永玉

旅游旺季

八〇

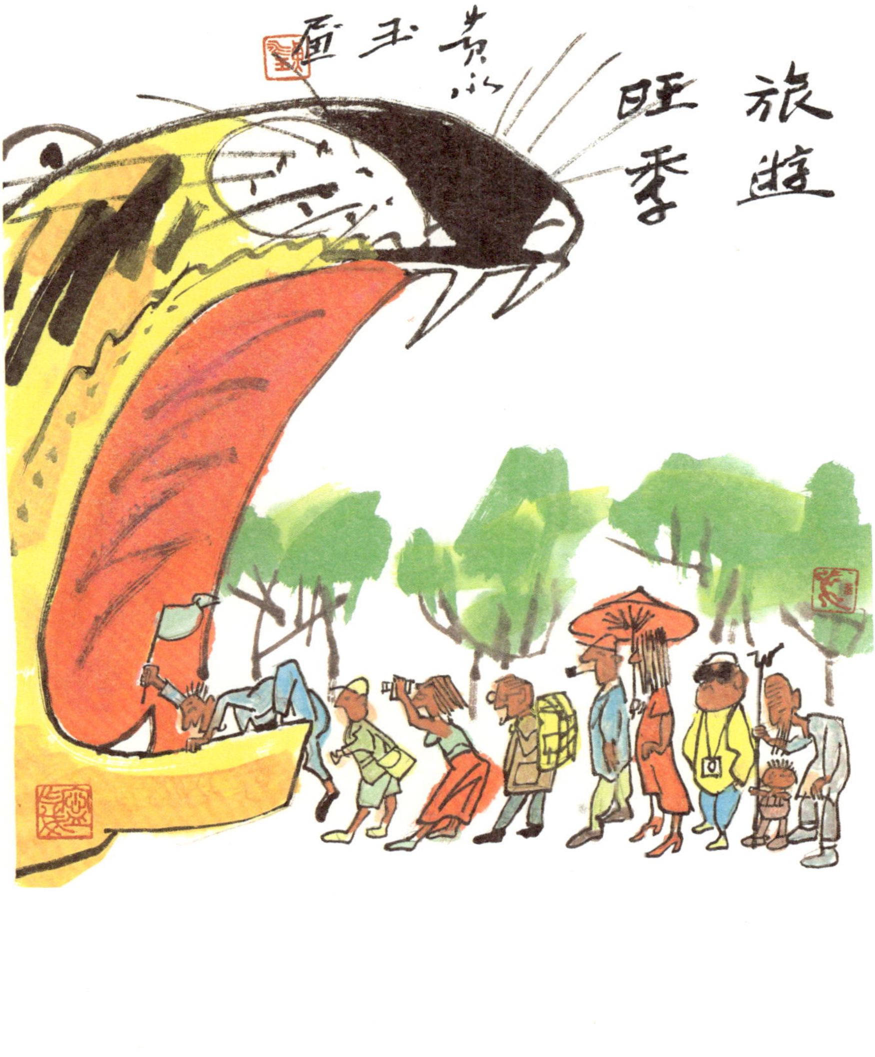
旅遊旺季
黄永玉画

老虎放屁，虎声虎气。

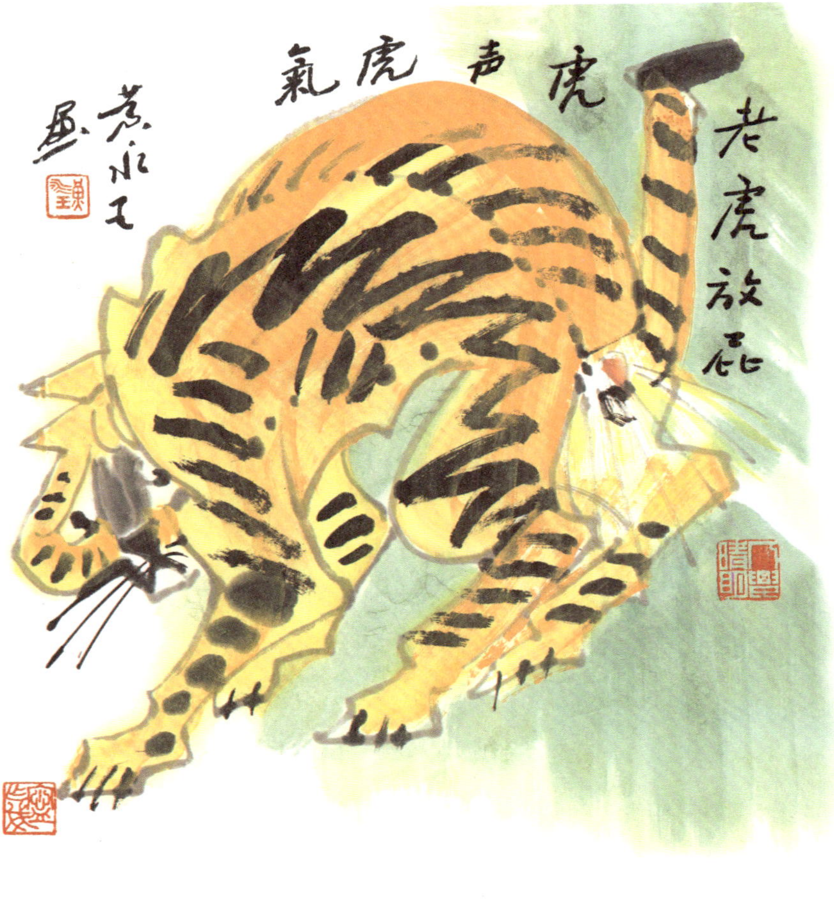
老虎放屁
虎声虎氣
黄永玉画

虎父无犬子。

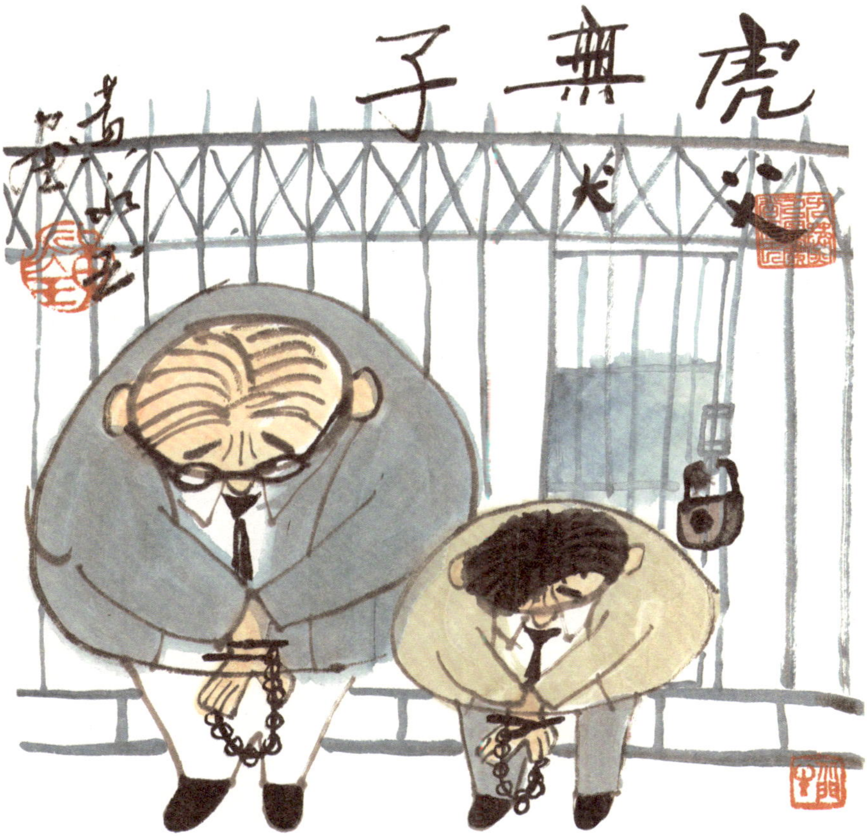
虎父無犬子

四十年代，蒲田县一小学，春天老师带学生春游，至郊外，学生在山洞各抱一小虎出来，并说洞里还有，吓得老师吹哨集合赶忙回家，幸母老虎没有回来……

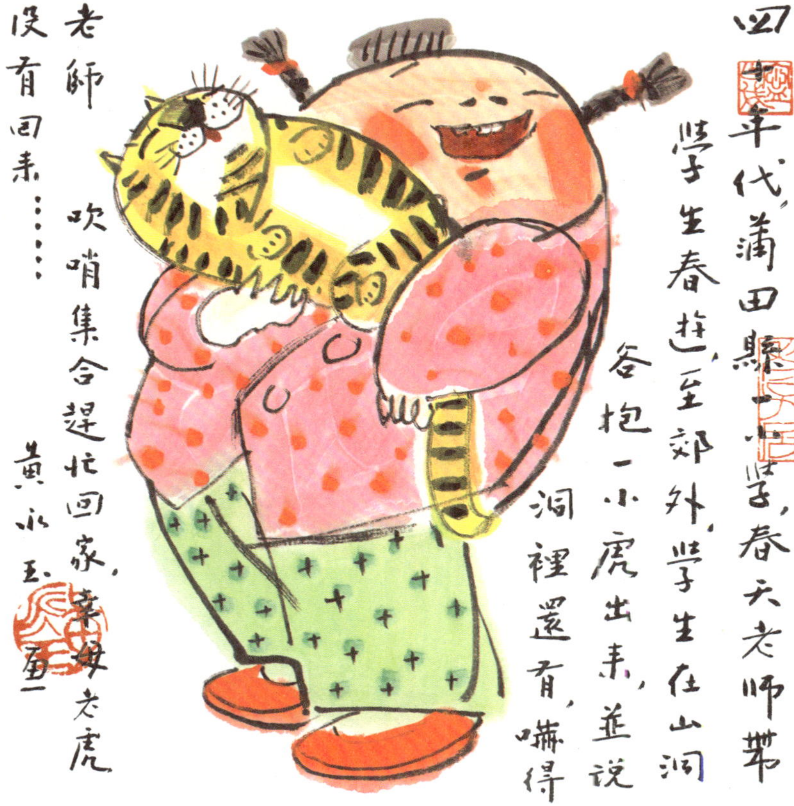
四十年代，蒲田縣一小學，春天老師帶
學生春遊，至郊外，學生在山洞
各抱一小虎出來，並說
洞裡還有，嚇得
老師
吹哨集合提前回家，幸母老虎
沒有回來……
黃永玉畫

别急！骑虎难下只是一句古话，
阁下既然有胆子骑上老虎，迟早
一定摔下来，美国骑牛比赛你又
不是没见过！

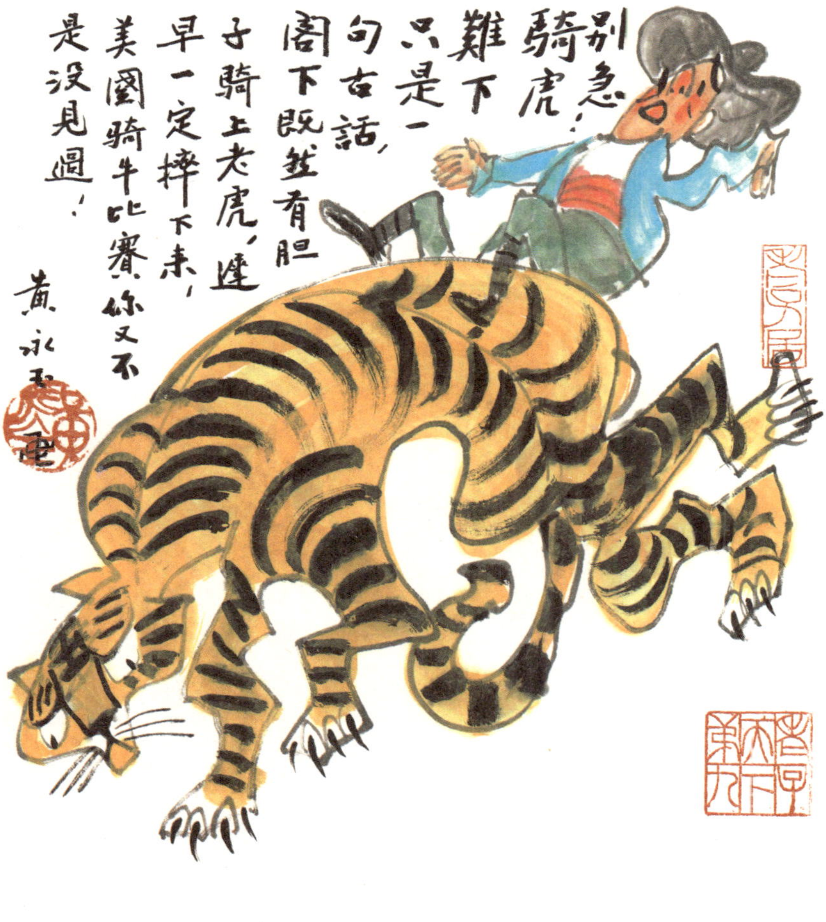
别急！騎虎難下只是一句古話，閣下既然有胆子騎上老虎，遲早一定摔下來，美國騎牛比賽，你又不是沒見過！
黄永玉

卯兔

生肖·兔　　黄永玉作 庚寅 2010 年

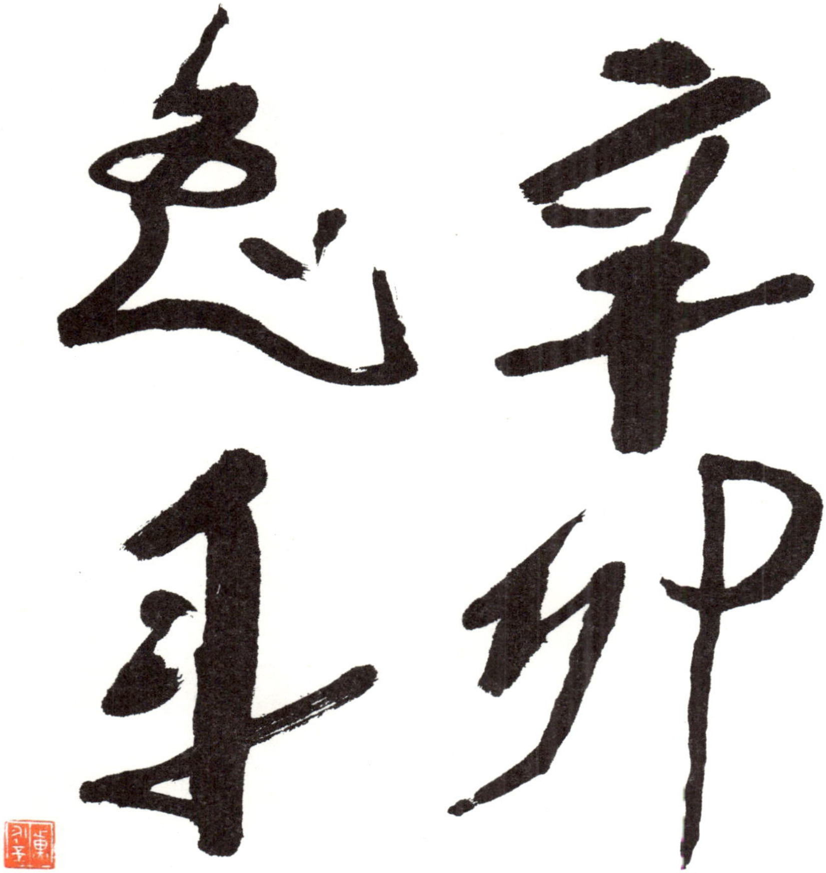
辛卯兔年

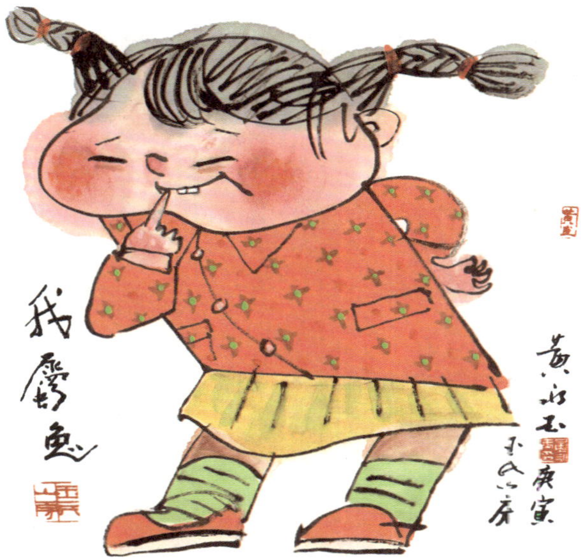
黄永玉
庚寅

我不吃窝边草吃什么？

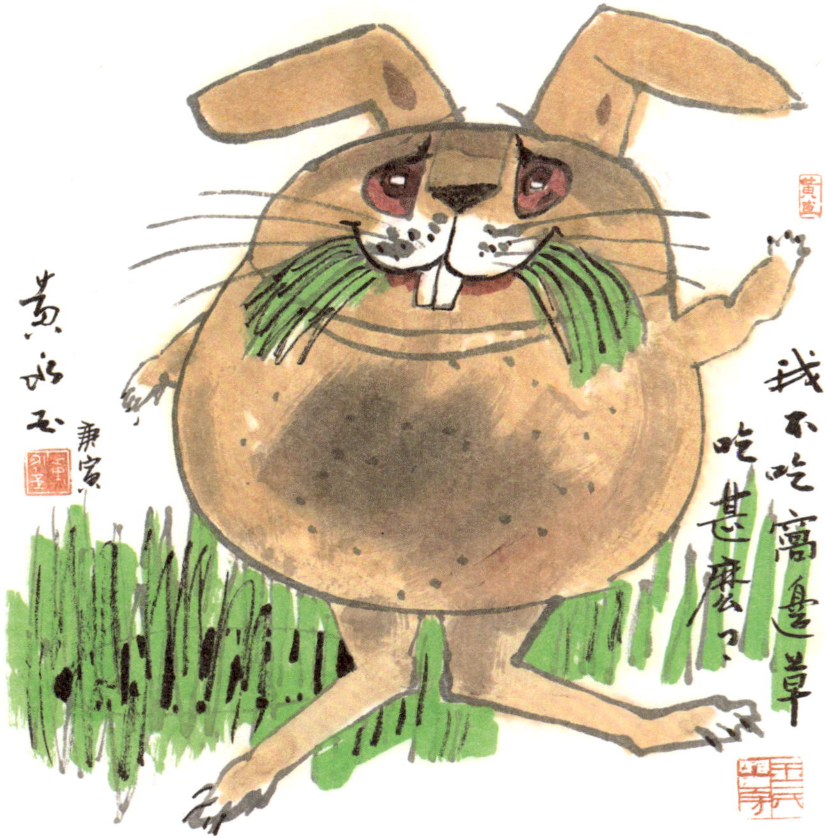
我不吃窩邊草
吃甚麽？
黄永玉
庚寅

举起手来！

九八

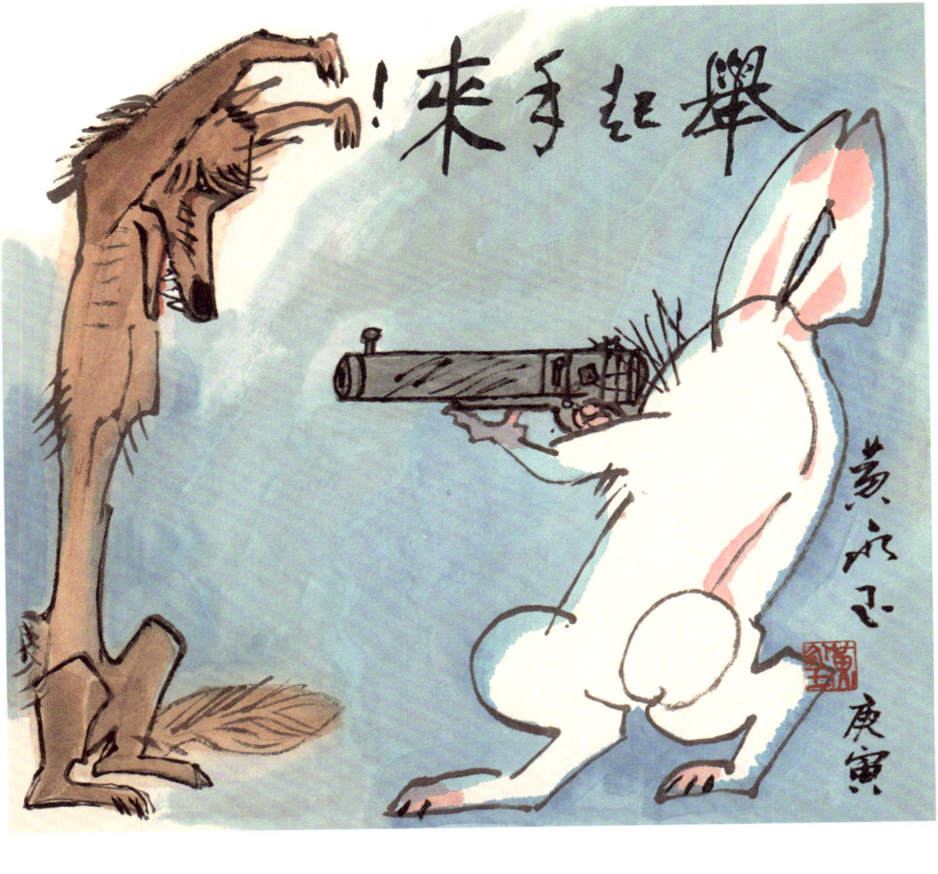
舉起手来!
黄永玉
庚寅

月亮上面造假药最保险。

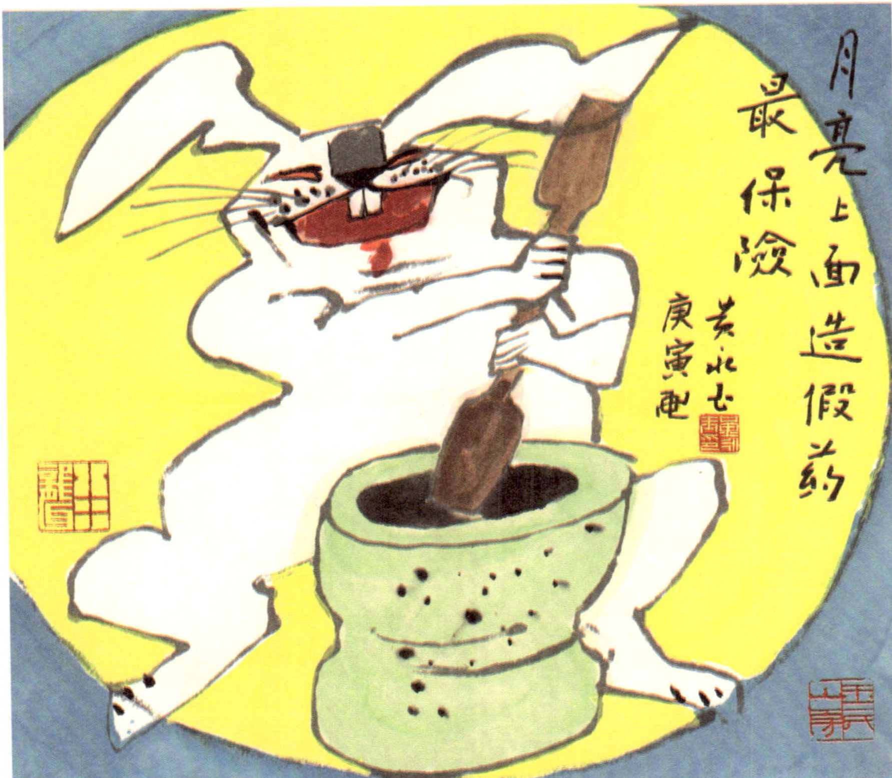

月亮上面造假药
最保險
黄永玉
庚寅画

月亮上那么挤。

一〇二

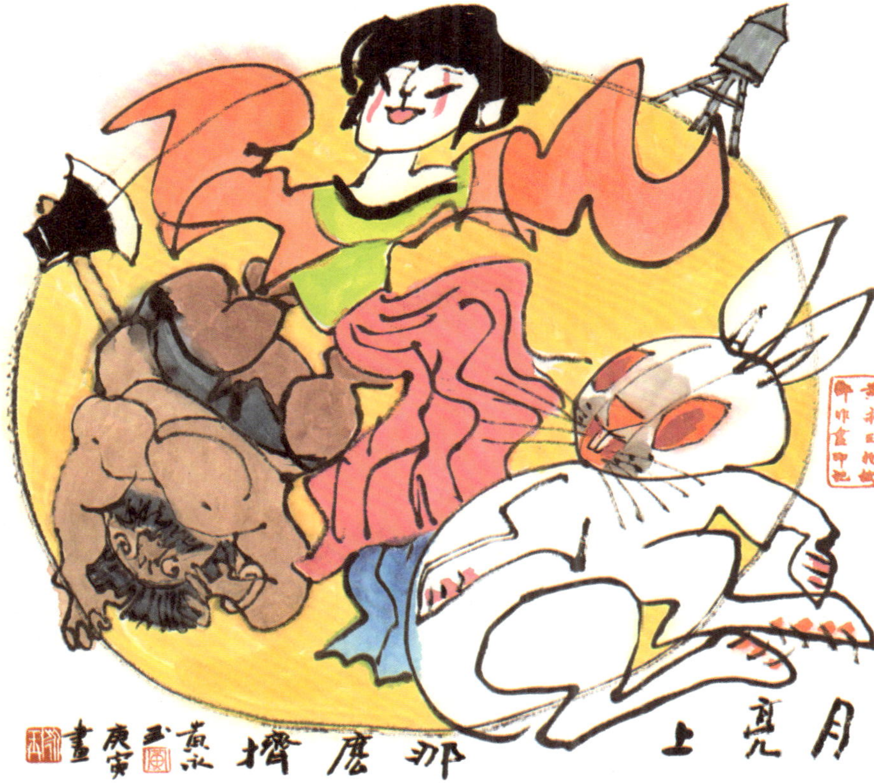
月亮上那麼擠
黃永 庚寅 畫

如何吃你，
请多提建议！

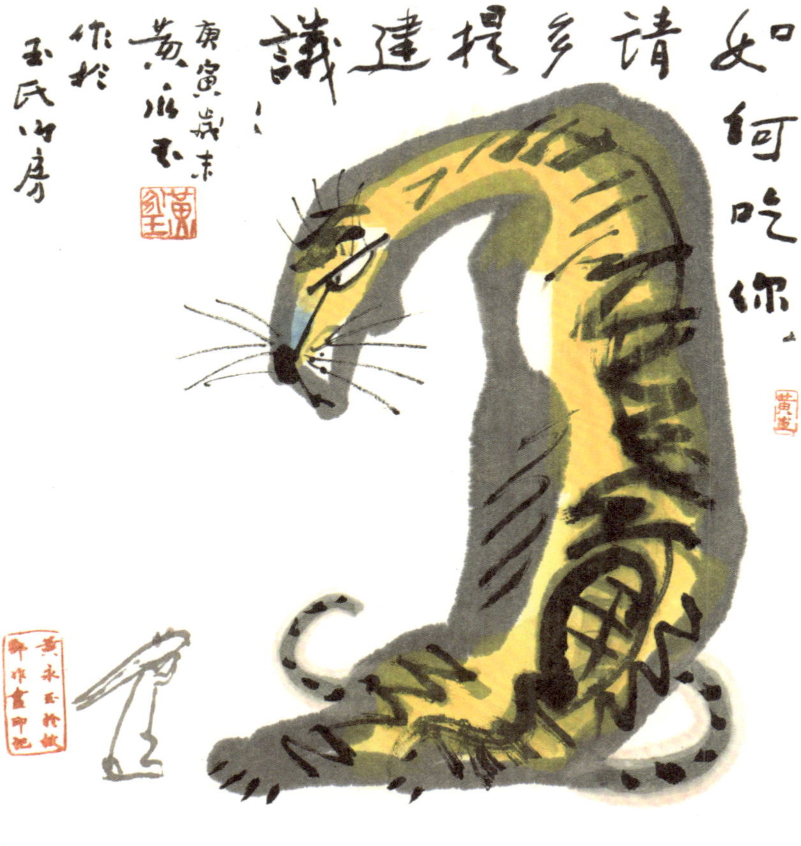
如何吃你，請多提建議
庚寅歲末
黃永玉
作於
玉氏山房

上了乌龟的当。

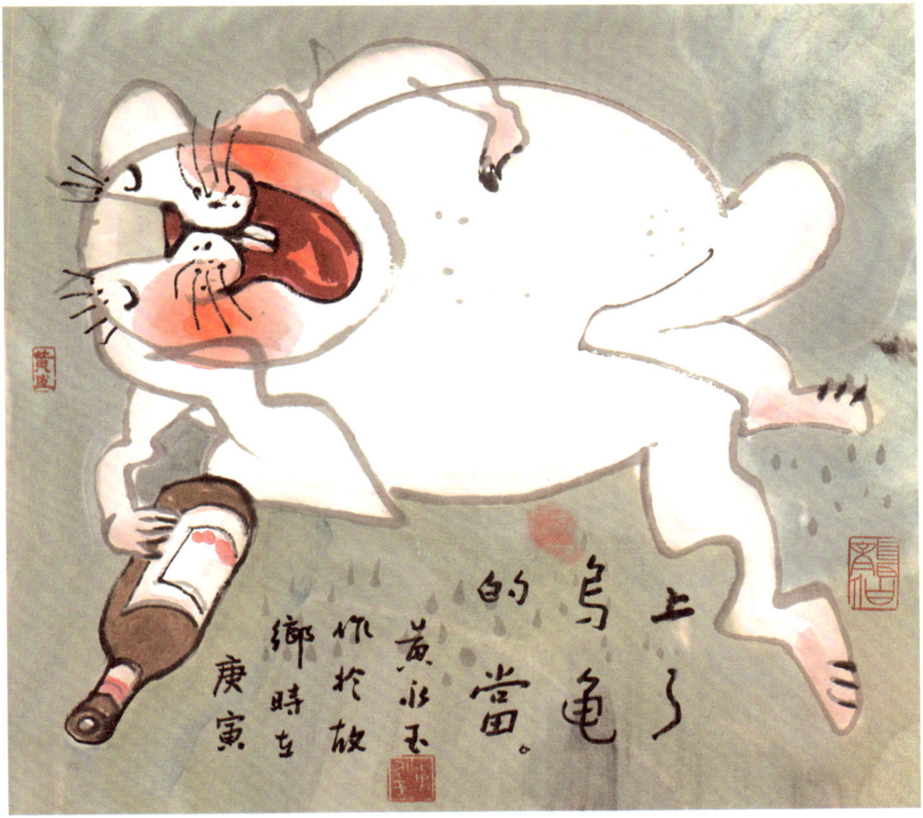
上了乌龟的当。
黄永玉作於故鄉時在庚寅

守株待兔

一〇八

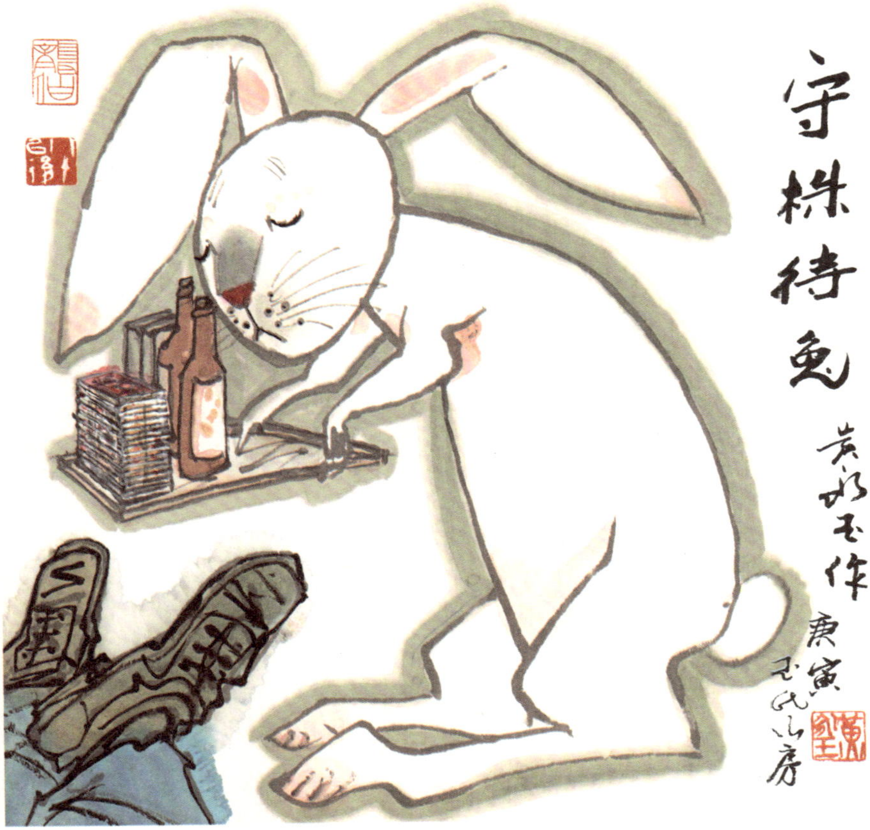
守株待兔
黄永玉作
庚寅
玉氏山房

唉！又病了，
要珍惜自己啊！
运动员。

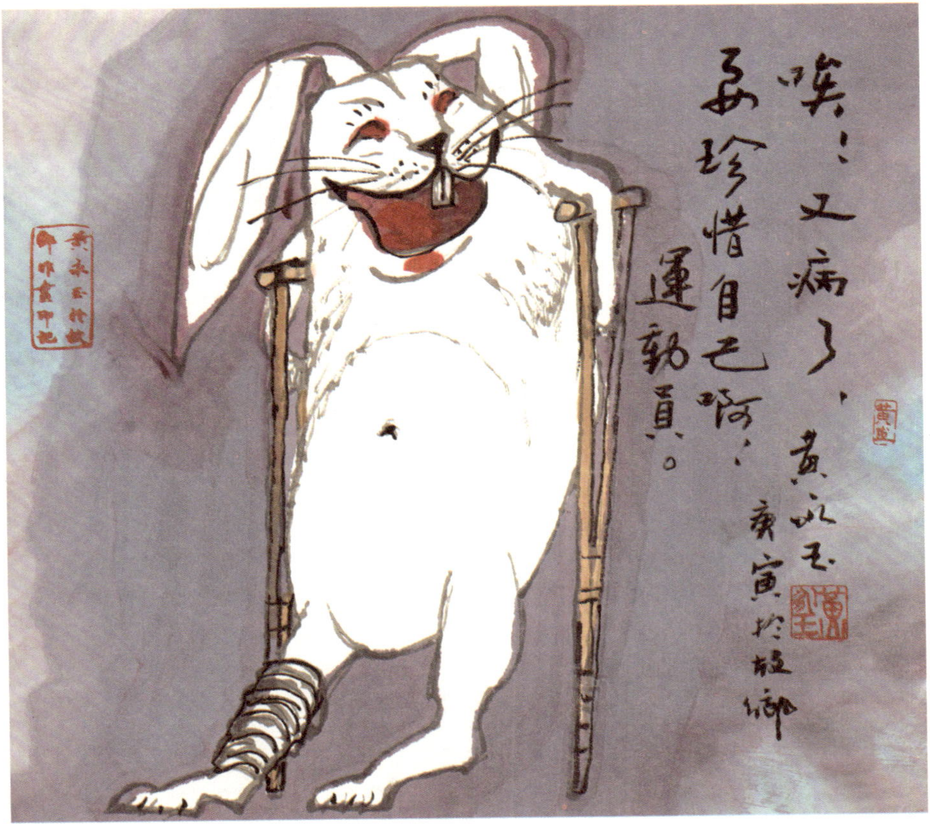
唉唉又病了，
要珍惜自己啊啊，
運動員。
黃永玉
庚寅於故鄉

搞地产，
三个洞未免太不像话！

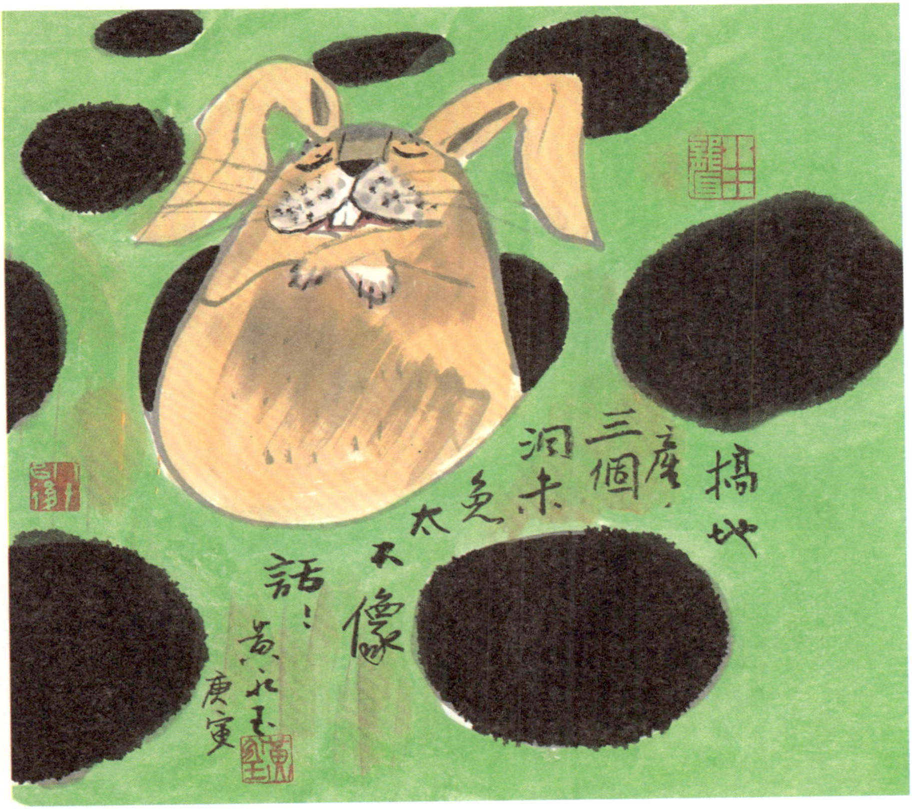
搞地產、三個洞未免太不像話、
黃永玉 庚寅

换一种跑法

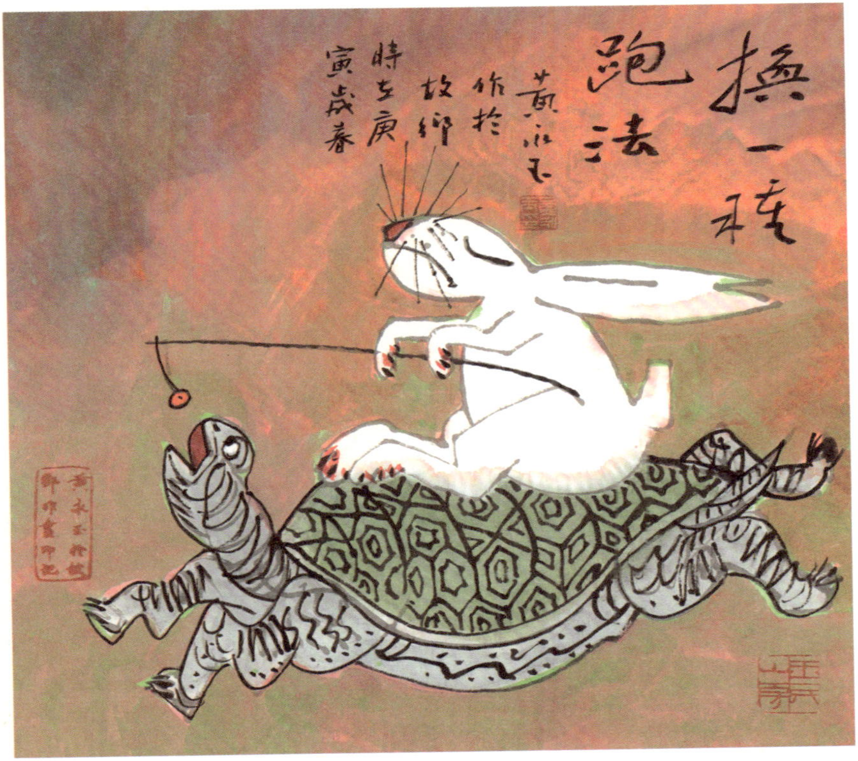
換一種
跑法
黄永玉
作於
故鄉
時在庚
寅歲春

要是把我们俩关在一起，
算数要好做得多！

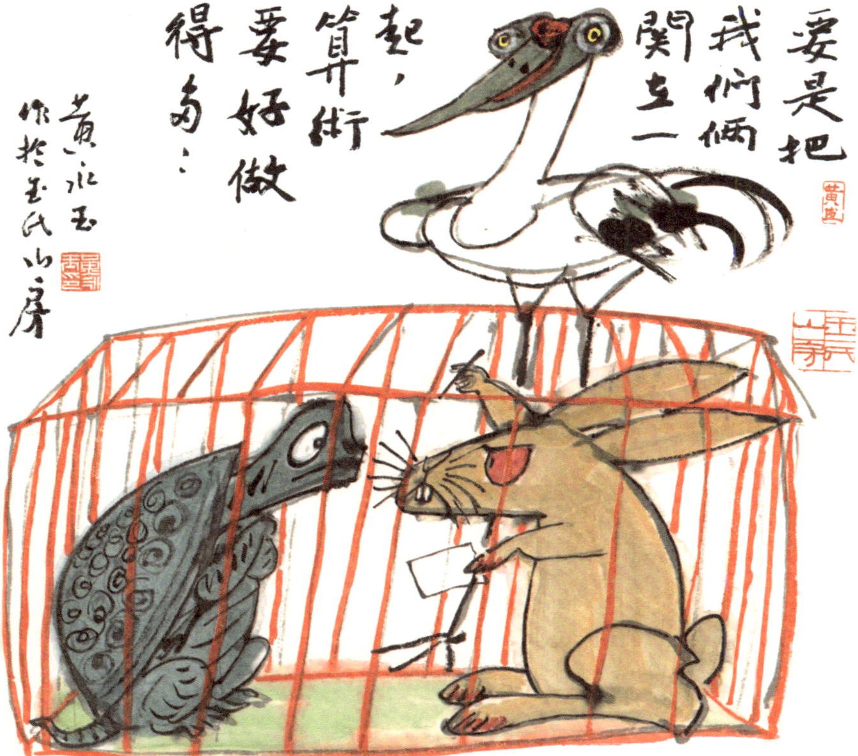
要是把我們倆關在一起，算術要好做得多：
黃永玉作於玉氏山房

兔子不吃人，
吃相难看！

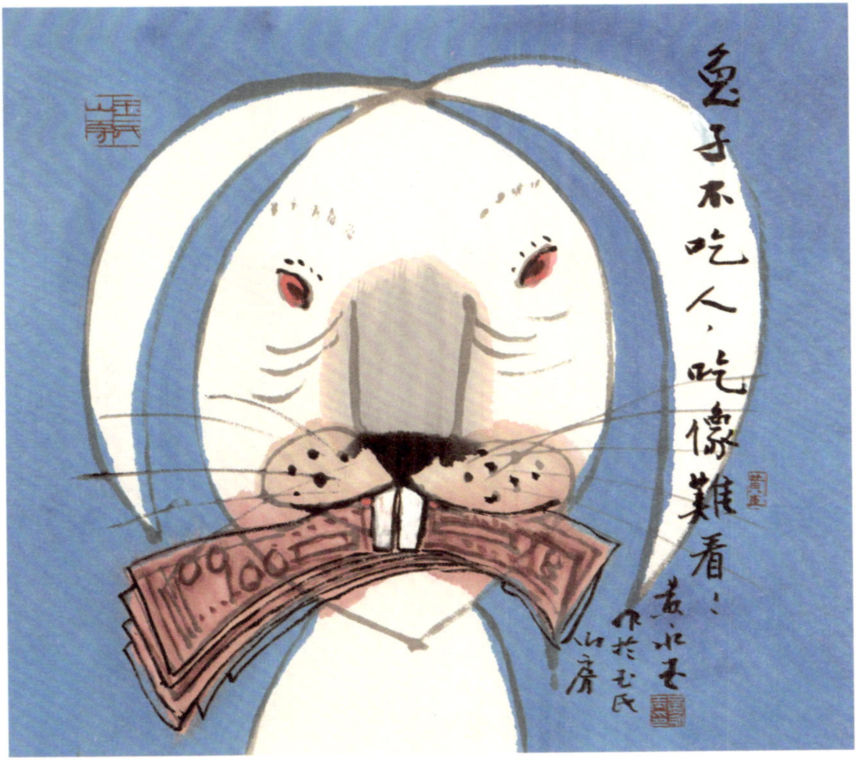
兔子不吃人，吃像難看：
黄永玉作於玉氏山房

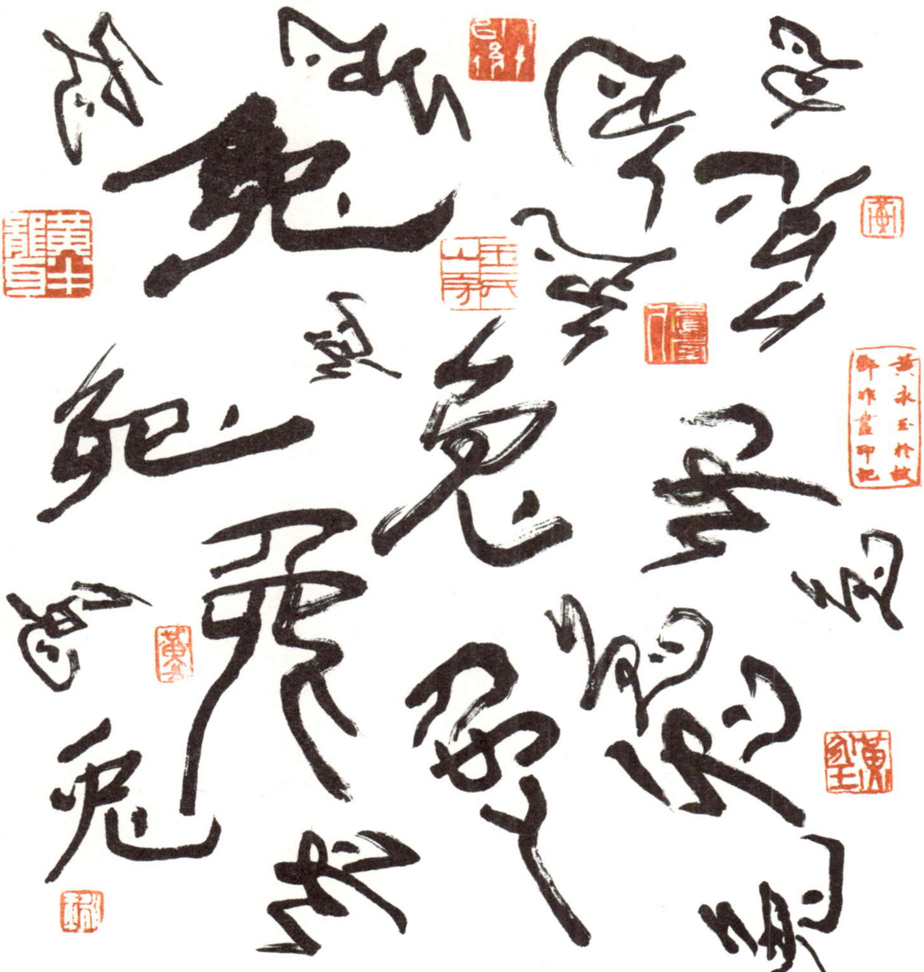
黄永玉於故鄉作畫印記

辰龙

生肖·龙　　黄永玉作　辛卯 2011 年

任務完成了舒了口大氣 朋友總是說明年

如何如何，說笑話，老摳的明年究竟還有幾何？

辛卯歲春 黃永玉

畫這套壬辰龍年的掛曆比較困難，因爲世界上從來就沒有過龍，而且有關龍的傳說和成語也極有限，大部用俗用舊了，重復老套更來乏味，觀眾亦無意思，很費了老拙一些心思，勉強擠出這點東西，及請各位原諒。

我引用了些龍生九子的材料，出處各異頗煩周張，這也是學問不夠的原故，古玉還有讀不出認不清的生字，這類遺還是時常發生的，尤其是古銅器的名稱上採用有邊讀邊無邊讀上下的拙劣辦法是難于面對高明的。

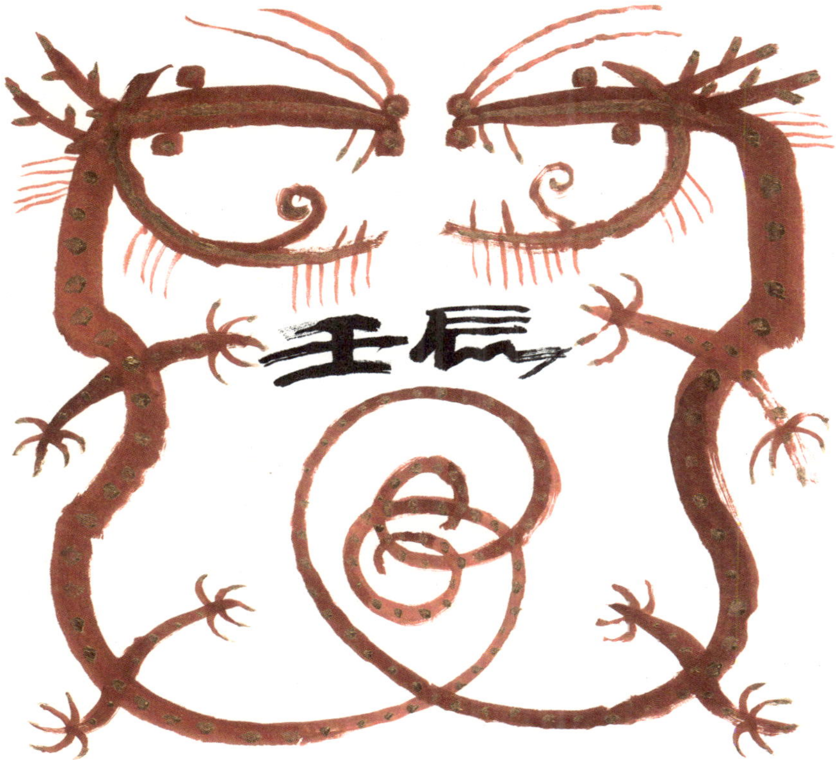
壬辰

椒图（也是龙的一个儿子），不舒展，只好钉在门头。

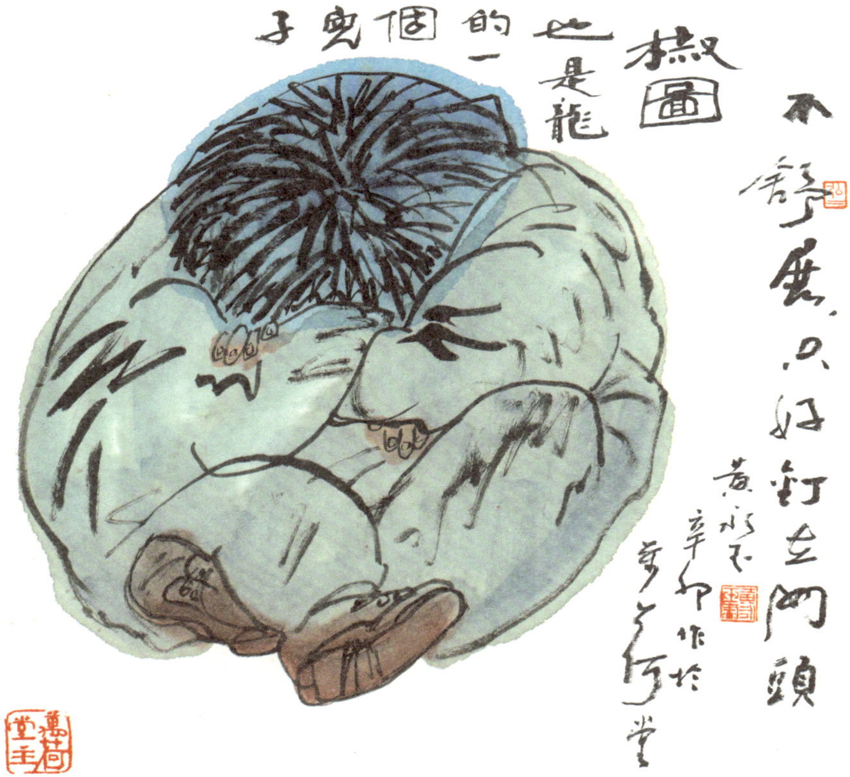
不舒服，只好釘在門頭
擬圖也是龍的一個鬼子
黃永玉辛卯作於萬荷堂
萬荷堂主

睚眦（龙的第二个太子），
喜欢打斗，下场堪虑！

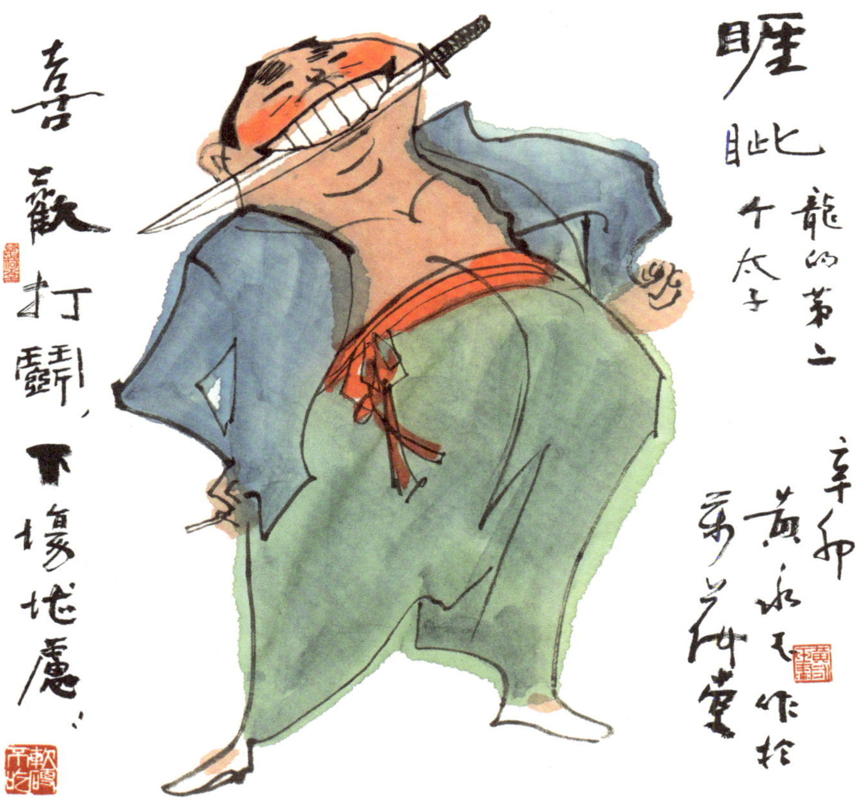

睚眦
龍的第二个太子
喜歡打鬥，下場堪慮。
辛卯 黄永玉作於萬荷堂

嘲风（龙的第三个太子），
登高望远不如去旅游。

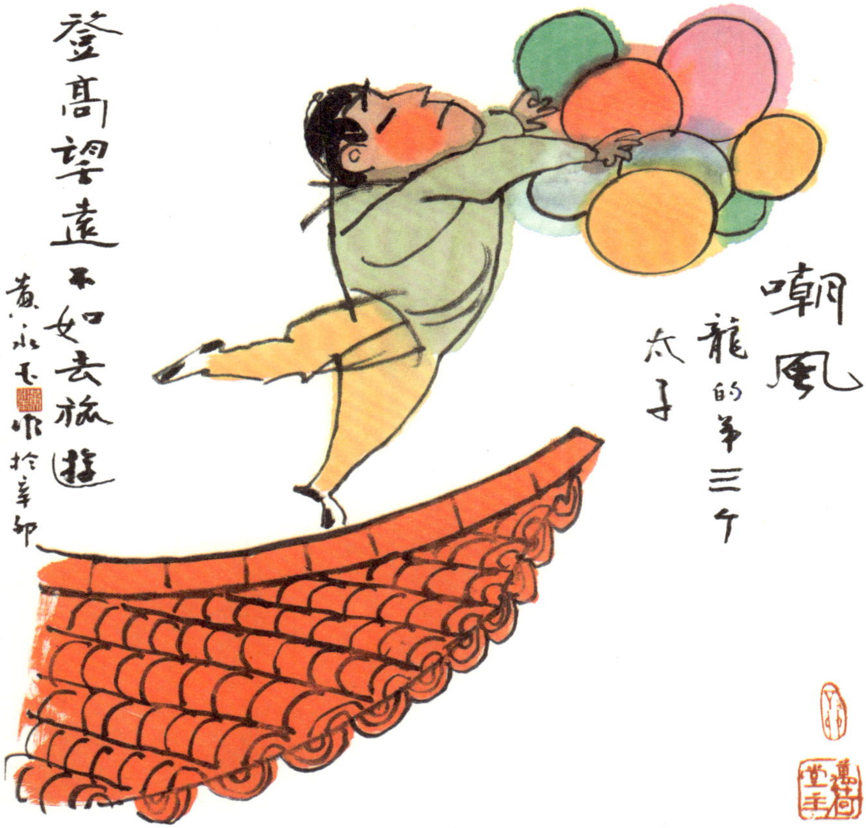
嘲風
龍的第三个太子
登高望遠不如去旅遊
黃永玉作於辛卯

蒲牢（龙的第四个儿子），好鸣好吼，现在街上常能看见。

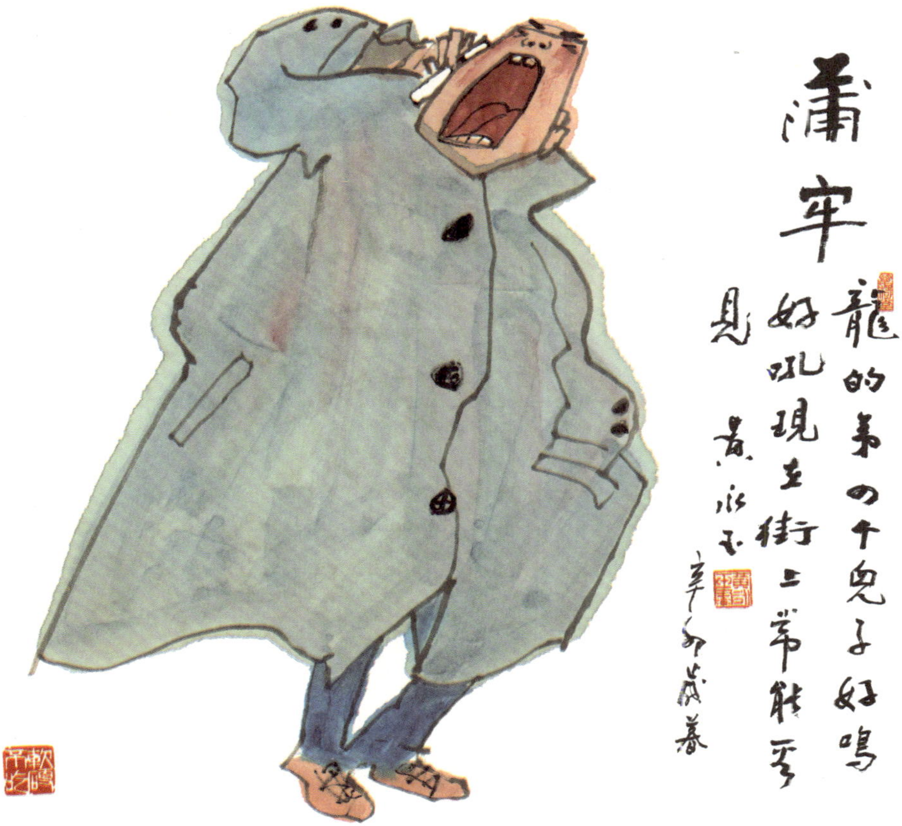
蒲牢
龍的第四個兒子好鳴好吼現在街上常能見
黃永玉
辛卯歲暮

狻猊（传说是龙的第五个儿子），平生喜欢烟火，现在还时常看得到。

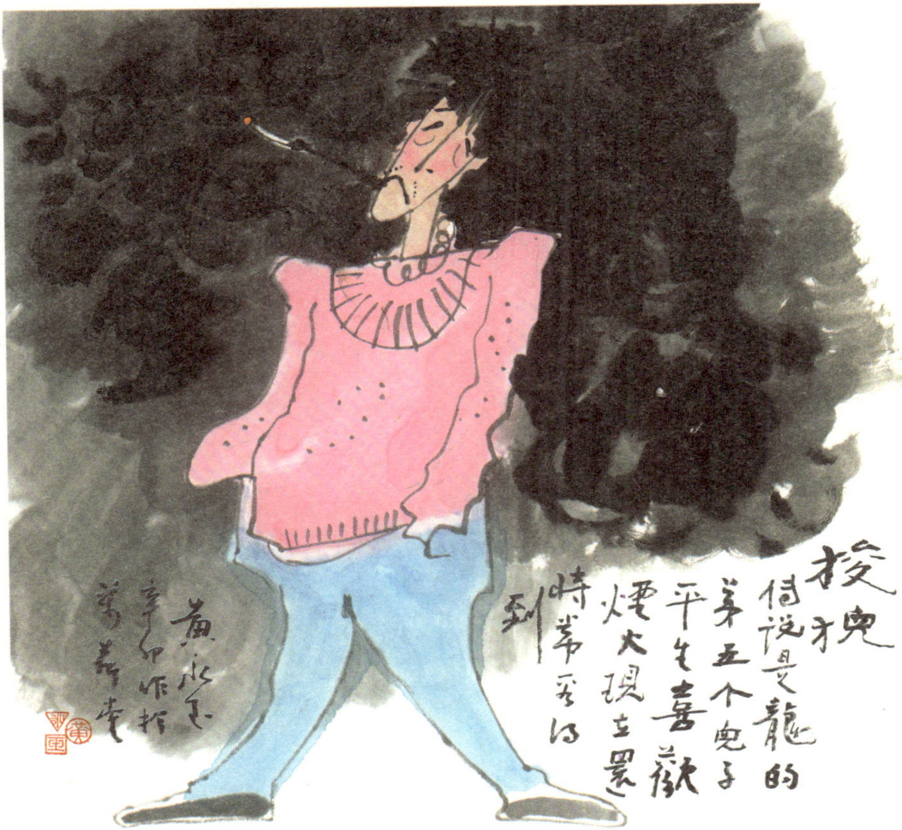
狻猊
傳說是龍的
第五个兒子
平生喜歡
煙火現在還
時常可以
到
黃永玉
辛卯作於
萬荷堂

赑屃（人们错误地把石碑下的它看成乌龟，其实它是龙的第六太子），练好了，长大好托碑。

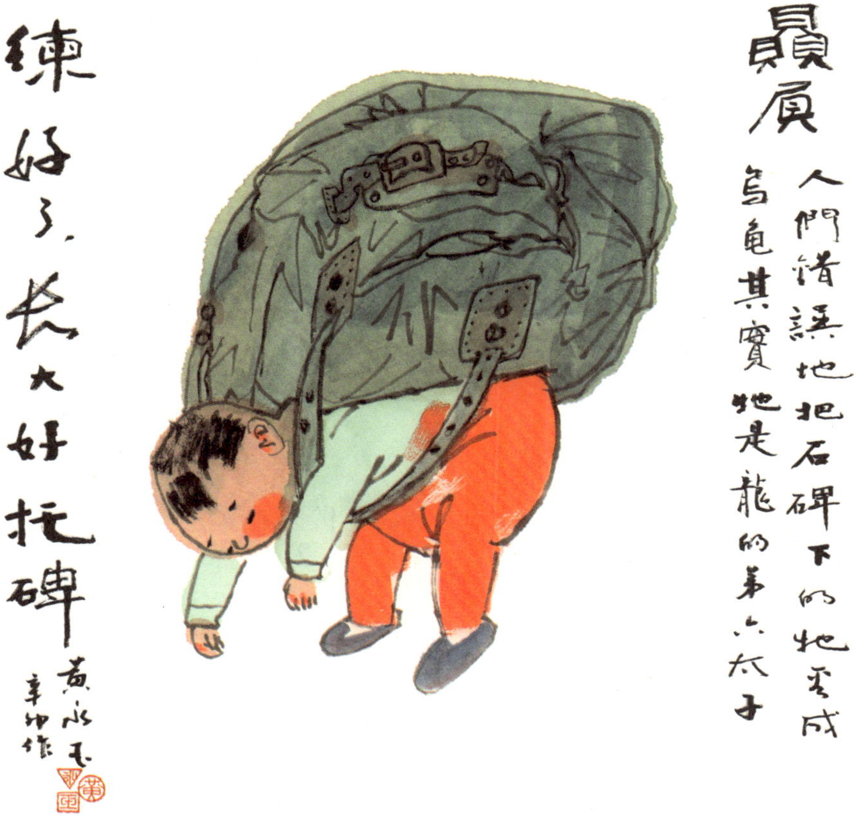
贔屓
人們錯誤地把石碑下的牠當成
烏龜其實牠是龍的第六太子
練好了，長大好托碑
黃永玉
辛卯作

狴犴（龙的第七子），喜欢打官司，十分威严。

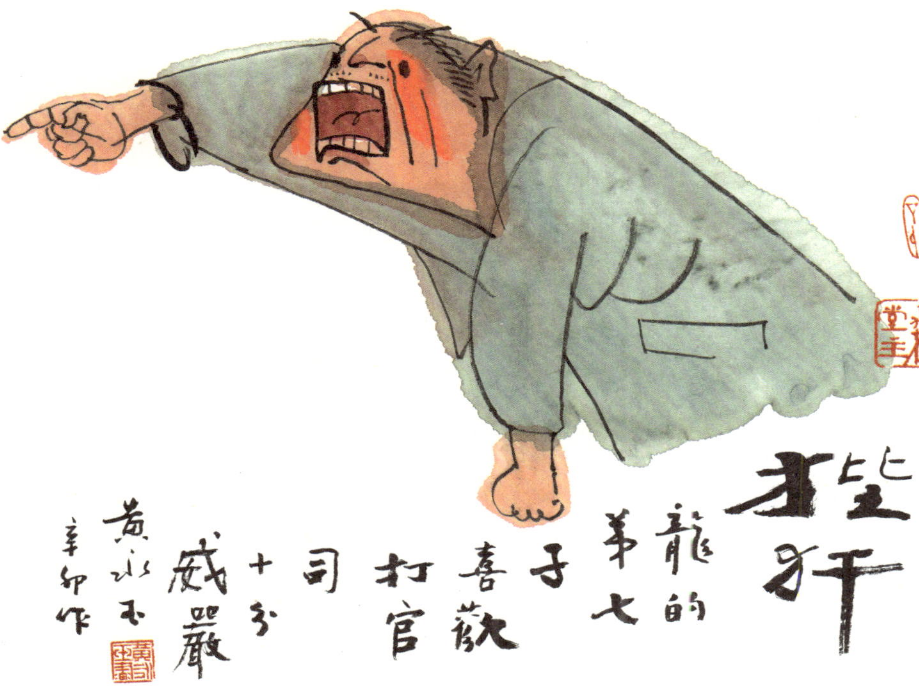
狴犴
龍的第七子喜歡打官司十分威嚴
黄永玉辛卯作

负屃（龙的第八个儿子），
是个爱文化的文艺粉丝。

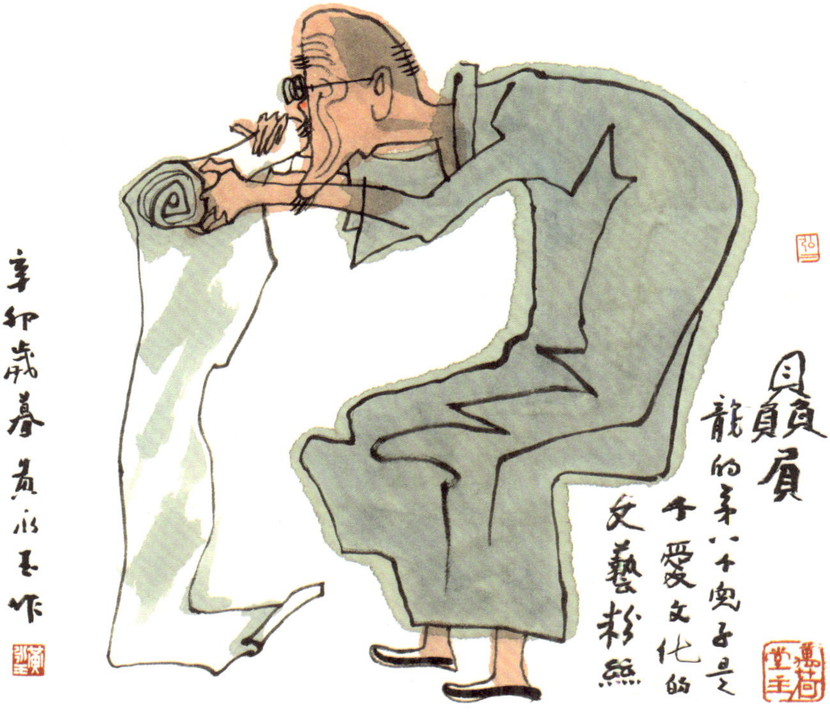

文藝粉絲
辛卯歲暮黃永玉作

天晓得？
大水怎冲得倒龙王庙？

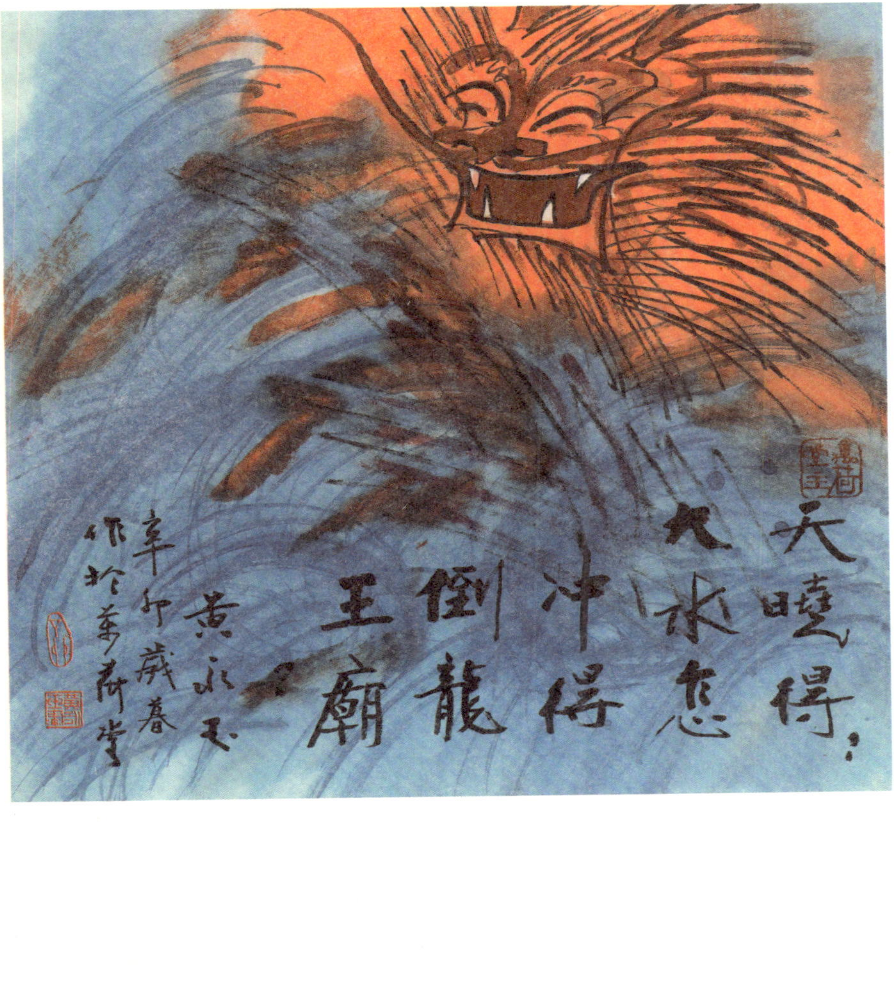
天曉得，大水怎沖得倒龍王廟
黃永玉
辛卯歲春作於萬荷堂

一个人拜支离益为师学杀龙的本事，学了三年，弄光家产，总算把本事学到了手。没想到的是，世界上根本没有龙。

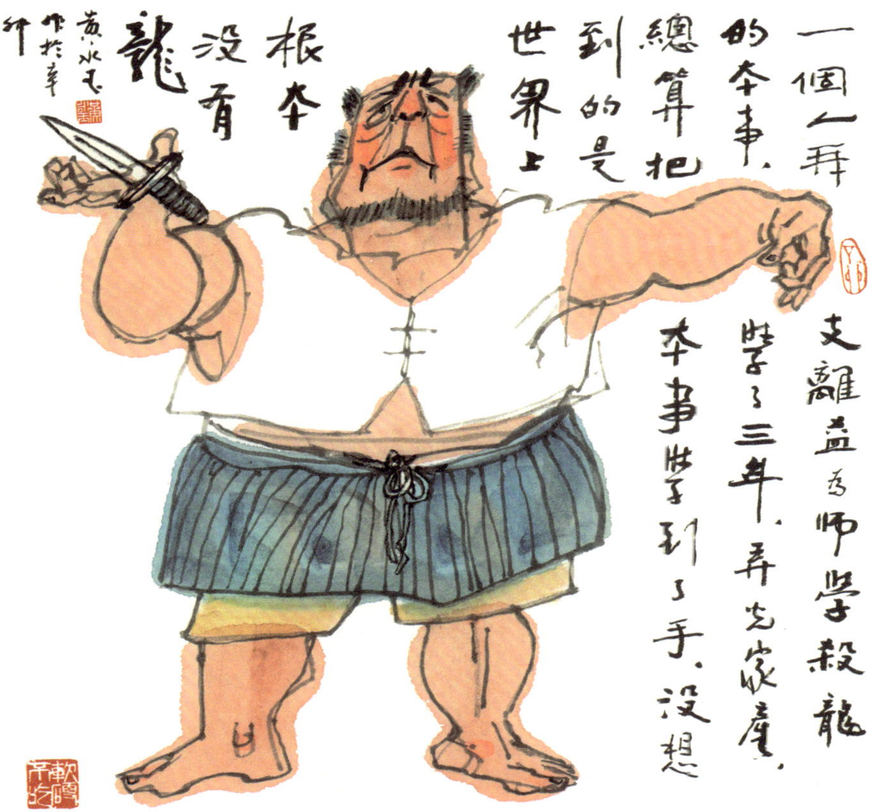
一個人拜支離益為師學殺龍的本事、學了三年、弄光家產、總算把本事學到了手、沒想到的是世界上根本沒有龍
黃永玉
作於

又贪钱，又贪吃，叫做饕餮，
也是龙的传人。

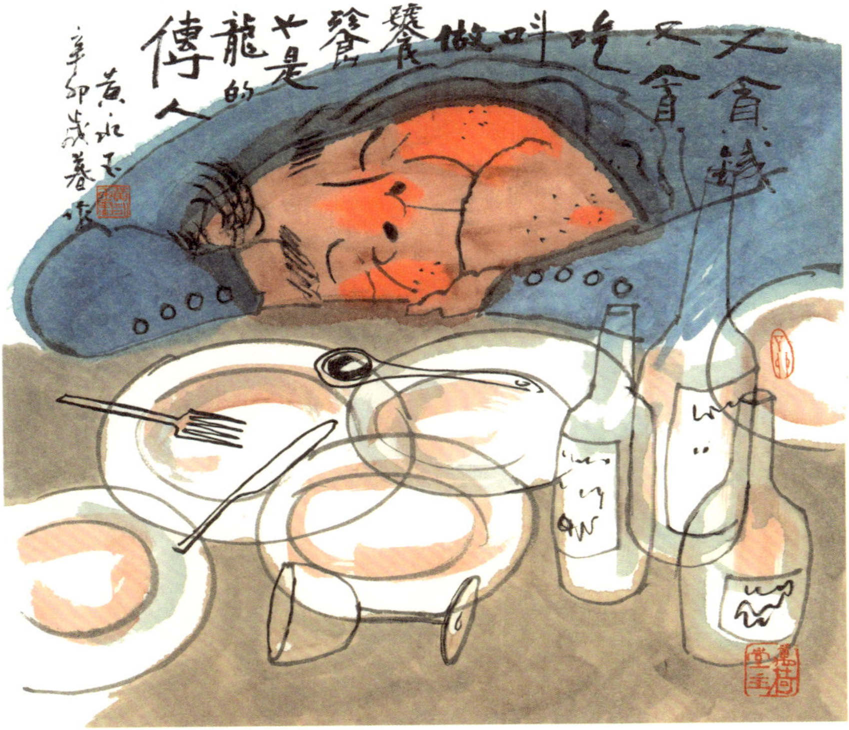
又貪錢
又貪吃
叫做
饕餮
也是
龍的
傳人
黃永玉
辛卯歲暮作

望子成龙，讲老实话，
儿子成了龙，你怕不怕？

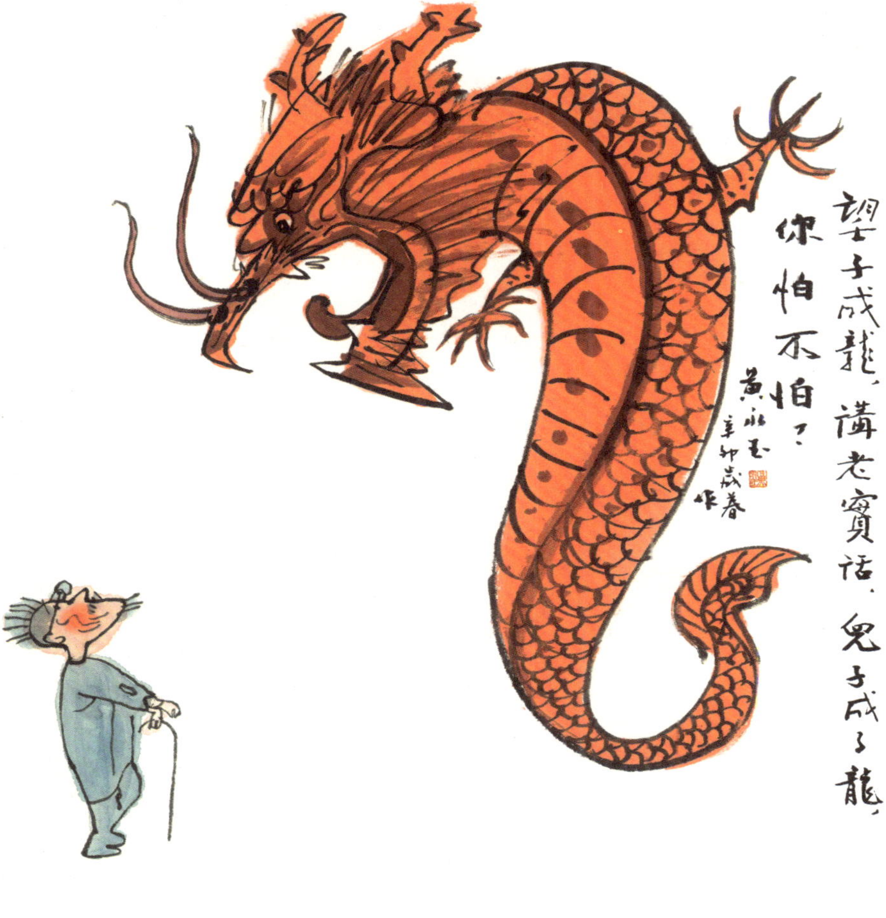
望子成龍，講老實話，兒子成了龍，
你怕不怕？
黄永玉
辛卯歲春作

巳蛇

生肖·蛇　　黄永玉作 壬辰 2012年

湘西老木黄永玉

癸巳小識

癸巳是蛇年，我画了一張蛇咬尾巴的画作代表，據說這圖形傳自古希臘，算是一種“不可知”的符號，我也不明白根源，只是覺得有趣，且又無傷大雅，便提來用了。鍾書先生若還健在，這類問題向他請教，是很容易明白的。

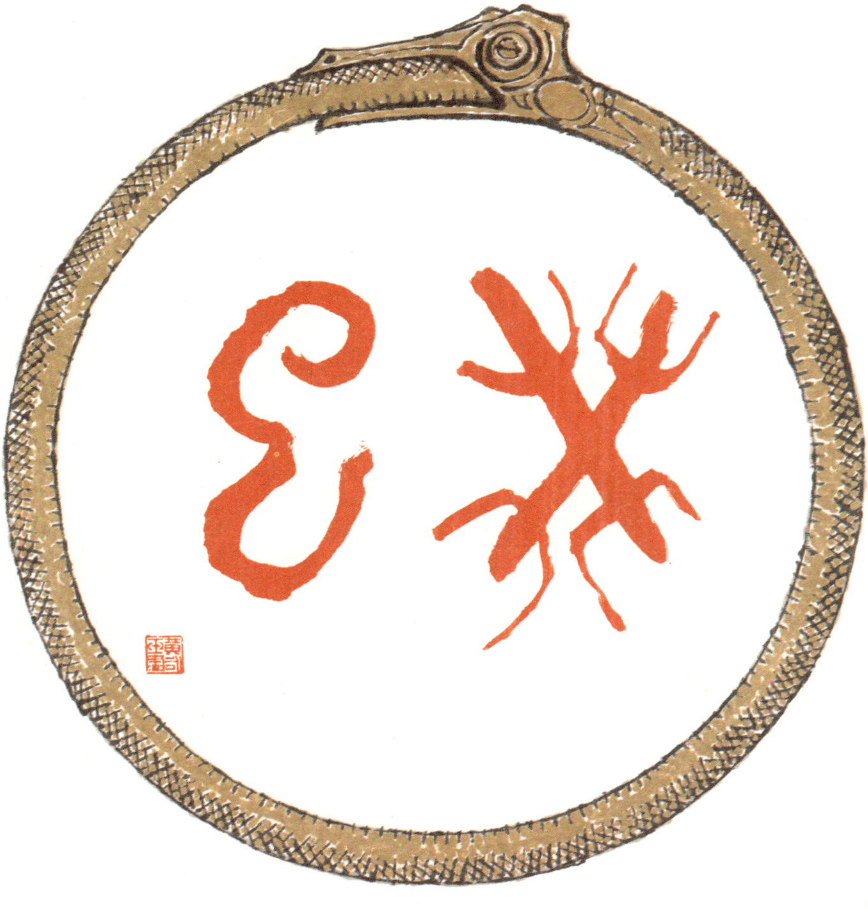

夏娃问亚当：蛇到哪里去了？
亚当说让广东佬偷去泡了酒。
夏娃问：那底下这出戏怎么
办？亚当说按既定方针办！

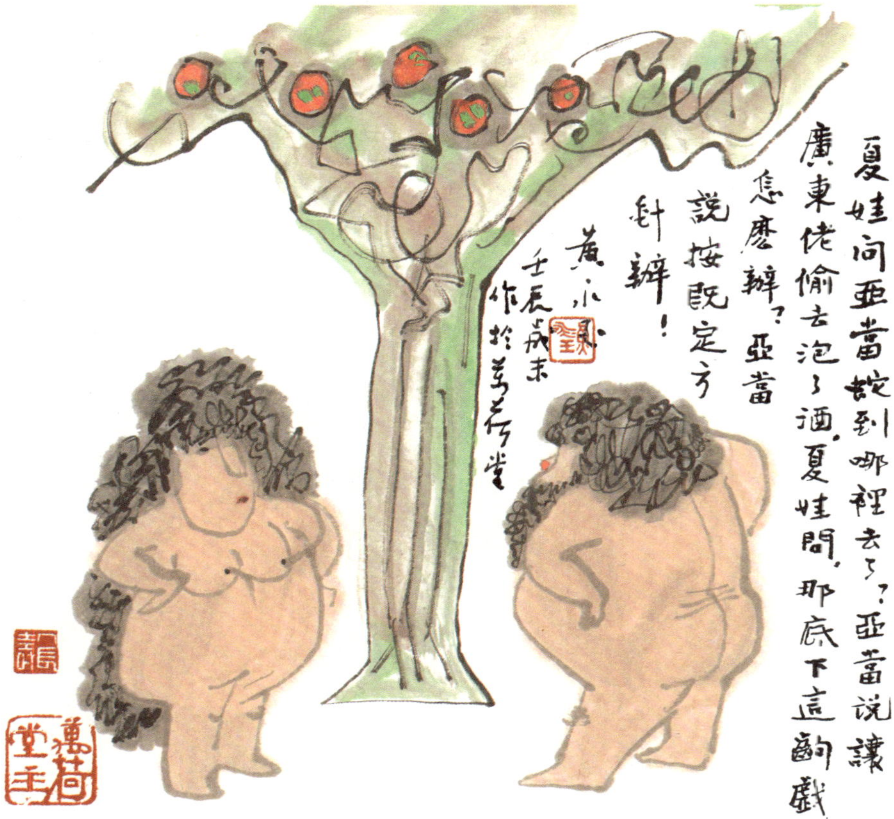
夏娃問亞當蛇到哪裡去了？亞當說讓
廣東佬偷去泡了酒。夏娃問，那底下這齣戲
怎麼辦？亞當
說按既定方
針辦！
黃永玉
壬辰歲末
作於萬荷堂
萬荷堂主

小时候看过《白蛇传》之后，每天晚上我都希望我妈变成白蛇娘娘，但不希望爸爸是没有一点出息的许仙。

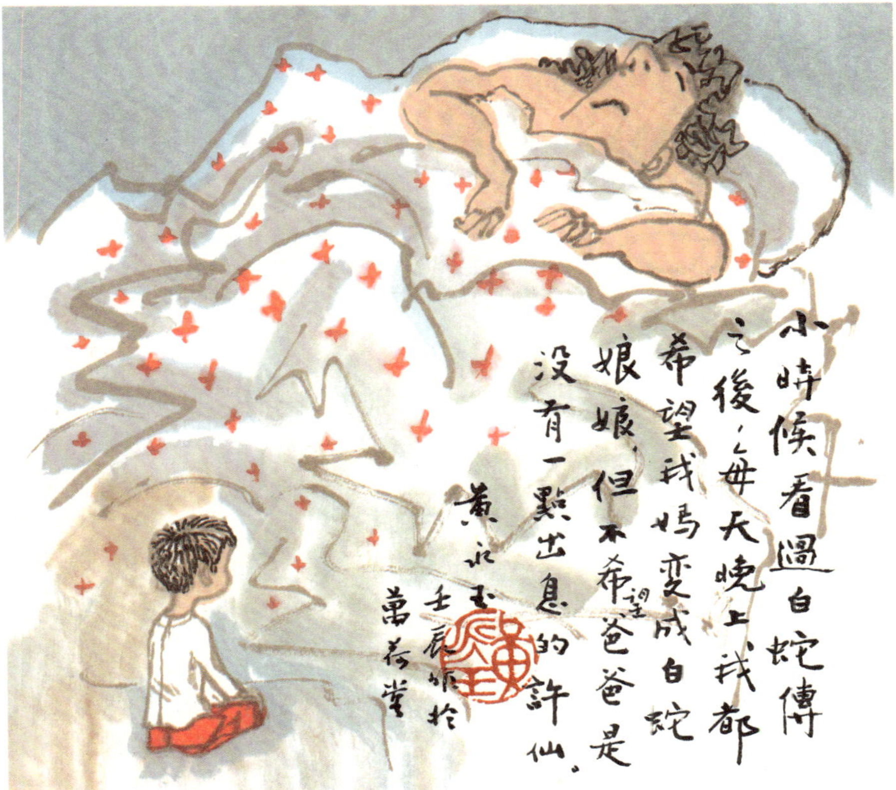
小時候看過白蛇傳
之後，每天晚上，我都
希望我媽變成白蛇
娘娘，但不希望爸爸是
沒有一點出息的許仙。
黃永玉
壬辰
萬荷堂

道路是曲折的，
所以我有一付柔软的身体。

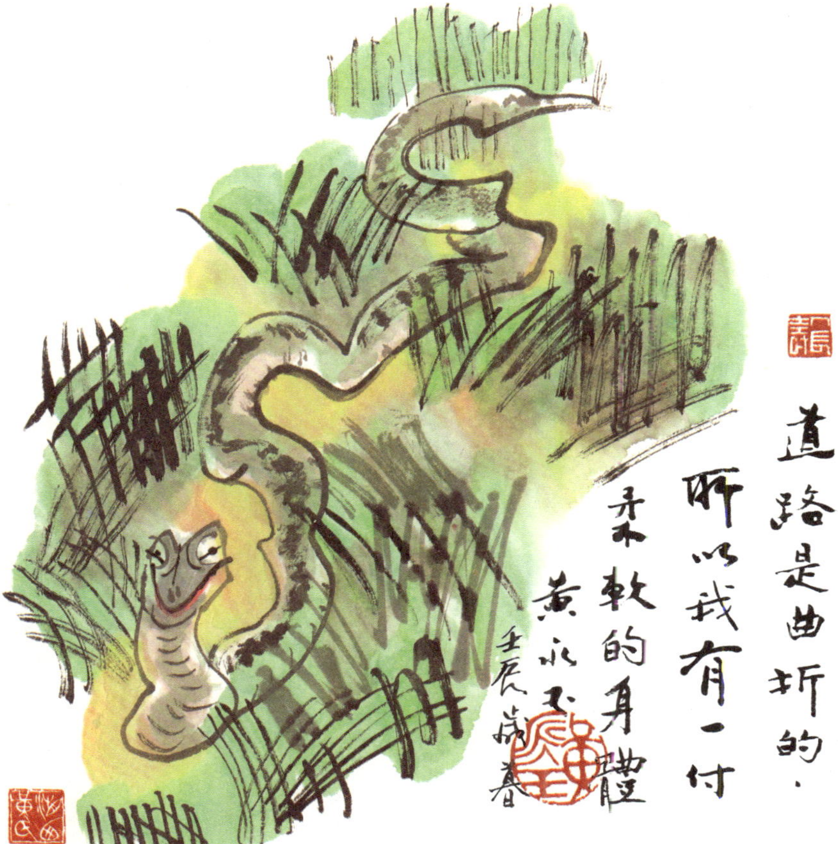
道路是曲折的，
所以我有一付
柔软的身体
黄永玉
壬辰岁春

画蛇添足不是龙吗？

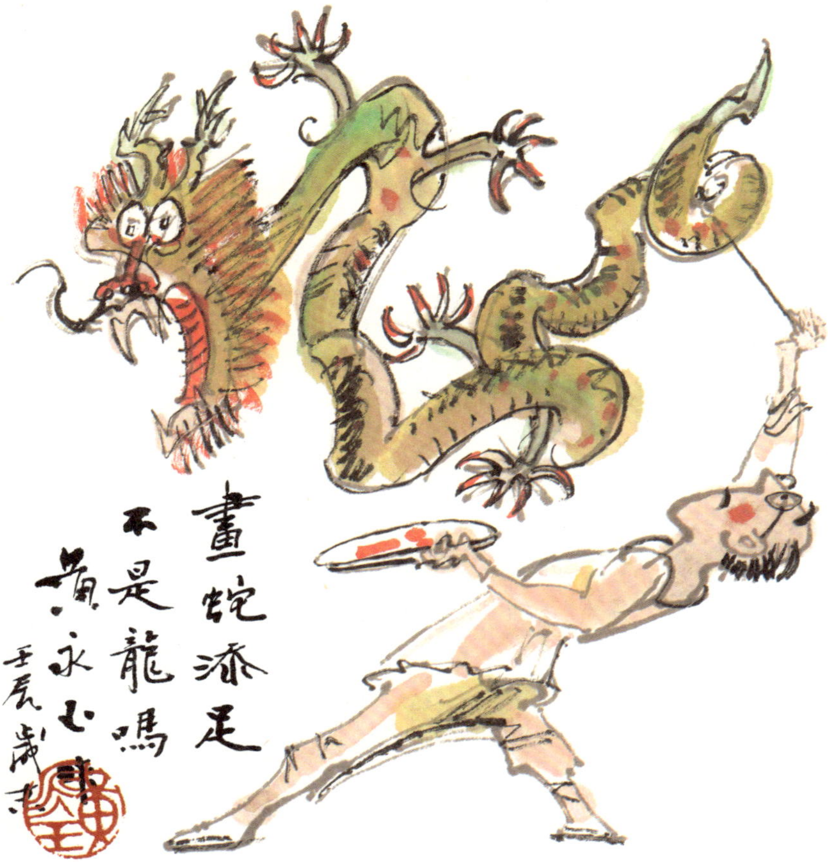

畫蛇添足
不是龍嗎
黃永玉書
壬辰歲末

请注意：蛇脱了壳还是蛇。

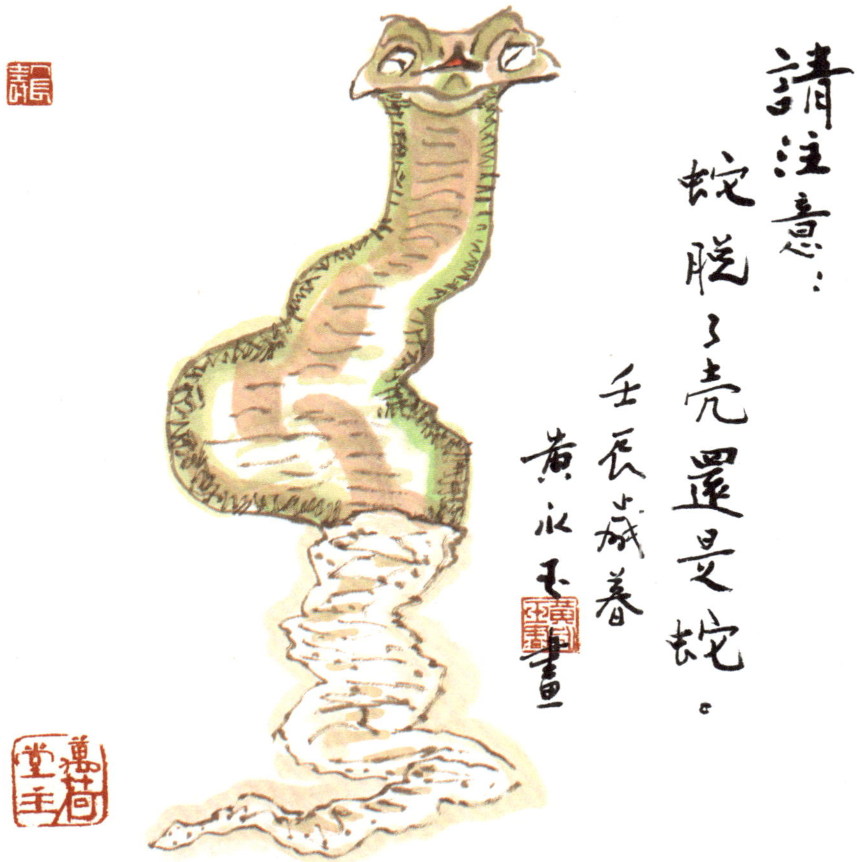
請注意：
蛇脱了壳還是蛇。
壬辰歲春
黄永玉畫
萬荷堂主

蛇冻僵了，农夫收养它，
蛇缓过来之后转身就是一口。

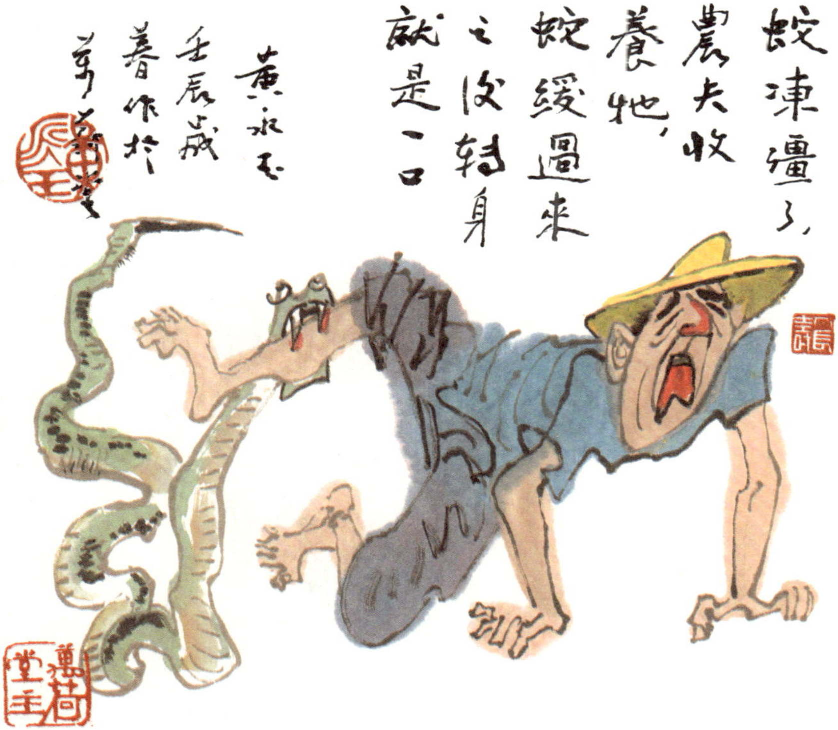
蛇凍殭了，
農夫收
養牠，
蛇緩過来
之後轉身
就是一口
黄永玉
壬辰歲
暮作於
萬荷堂

蛇打不赢猫，逃到乌龟洞里，乌龟问它：进来干吗？蛇说邀它看外边热闹。乌龟信了，脑壳刚伸出去便被猫一口咬住，说：哈！你以为套上件背心我就不认识你了？

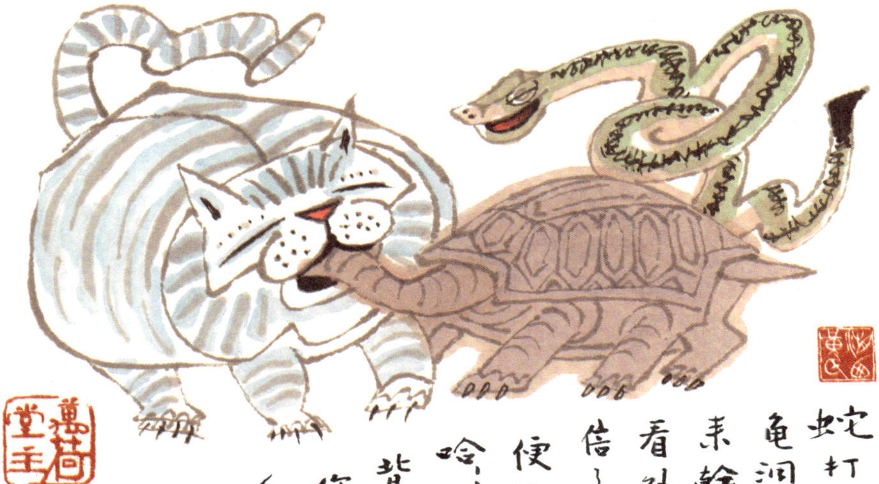

蛇打不贏貓，逃到烏
龟洞裡，烏龟問牠進
來幹嗎？蛇說邀牠
看外邊熱鬧。烏龟
信了，腦壳剛伸出去
便被猫一口咬住，說：
哈！你以為套上件
背心我就不認識
你了？

壬辰歲春
黃永玉
作於萬荷堂

不要相信吃饱的蛇不咬人。

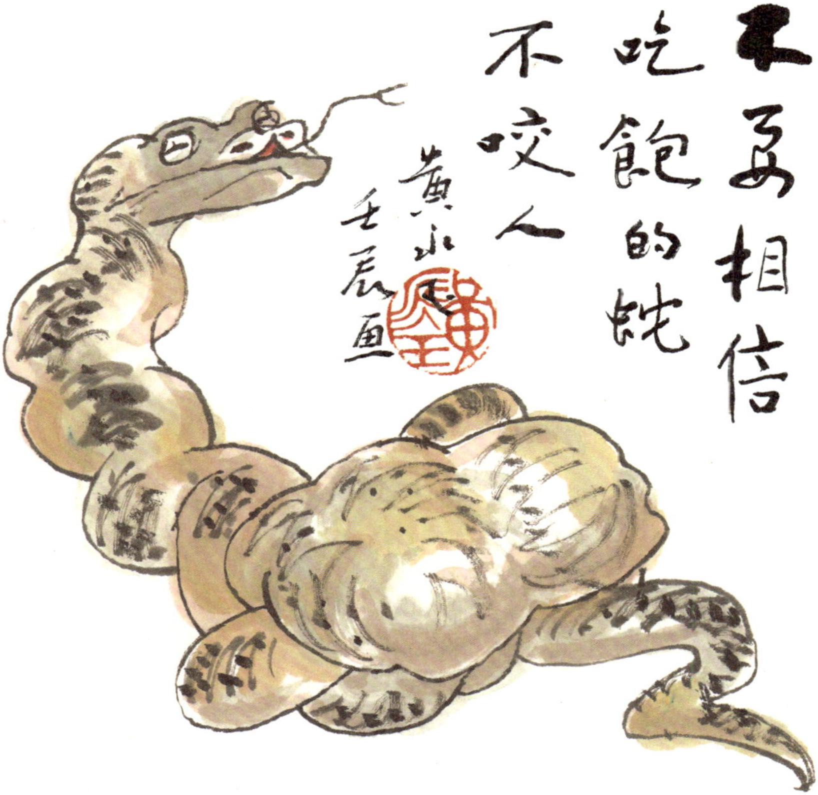
不要相信
吃飽的蛇
不咬人
黄永玉
壬辰画

我们没有什么区别。
你把酒倒在肚子里；
我全身泡在酒里。

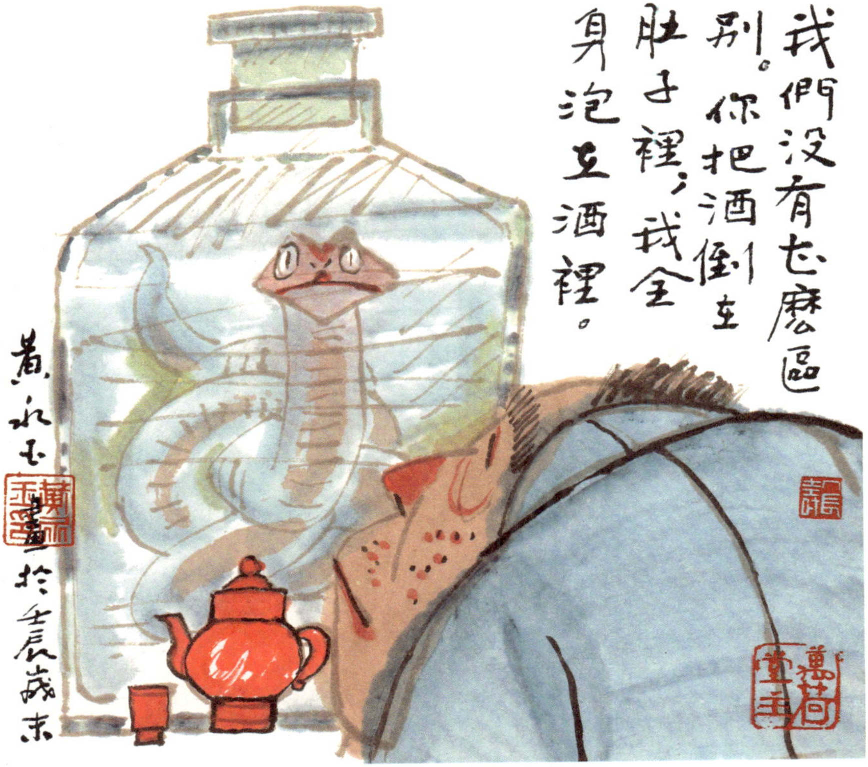
我們沒有甚麼區別。你把酒倒在肚子裡，我全身泡在酒裡。
黃永玉畫於壬辰歲末

一朝被蛇咬，
十年怕『警绳』。

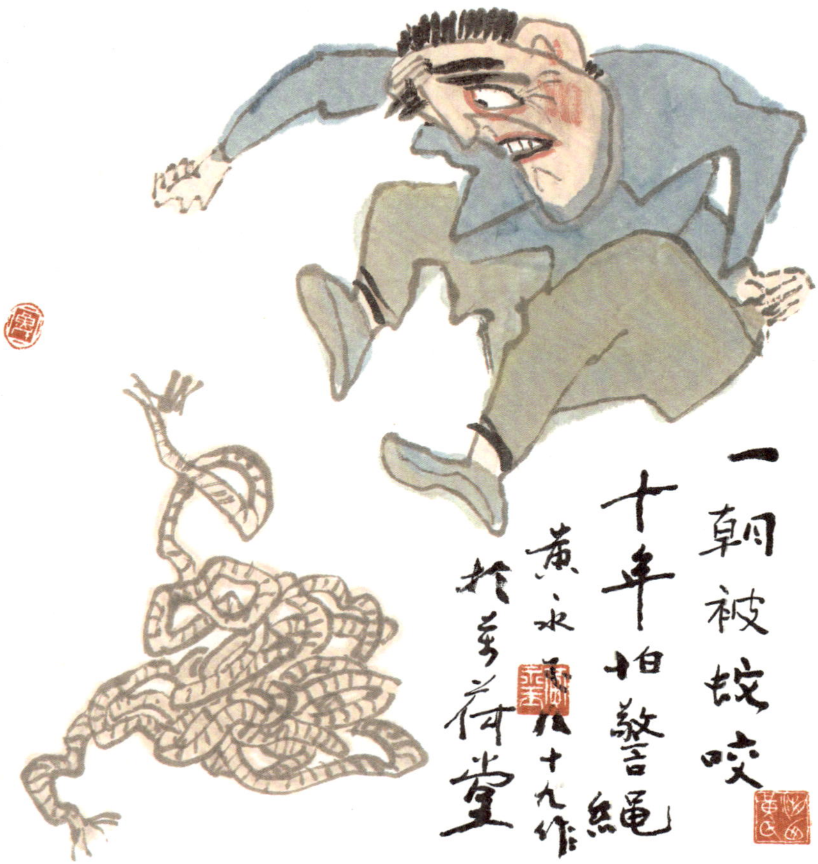
一朝被蛟咬
十年怕警繩
黄永玉八十九作
於萬荷堂

蛇有什么可怕？它又不是青蛙。

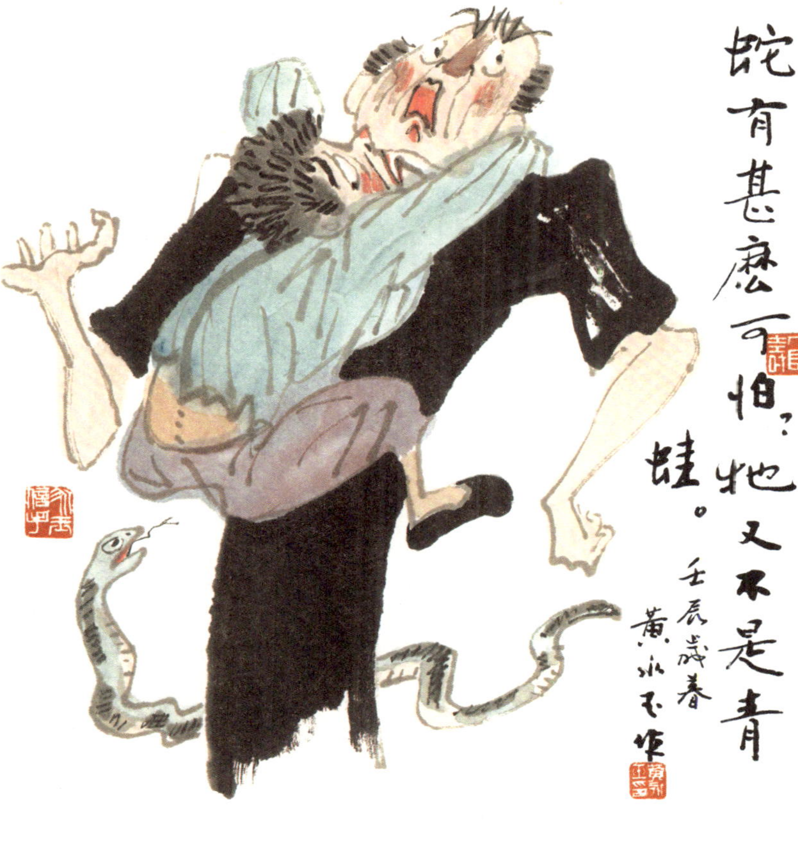

蛇有甚麼可怕：牠又不是青
蛙。
壬辰歲春
黃永玉作

蛇吞象。

一八〇

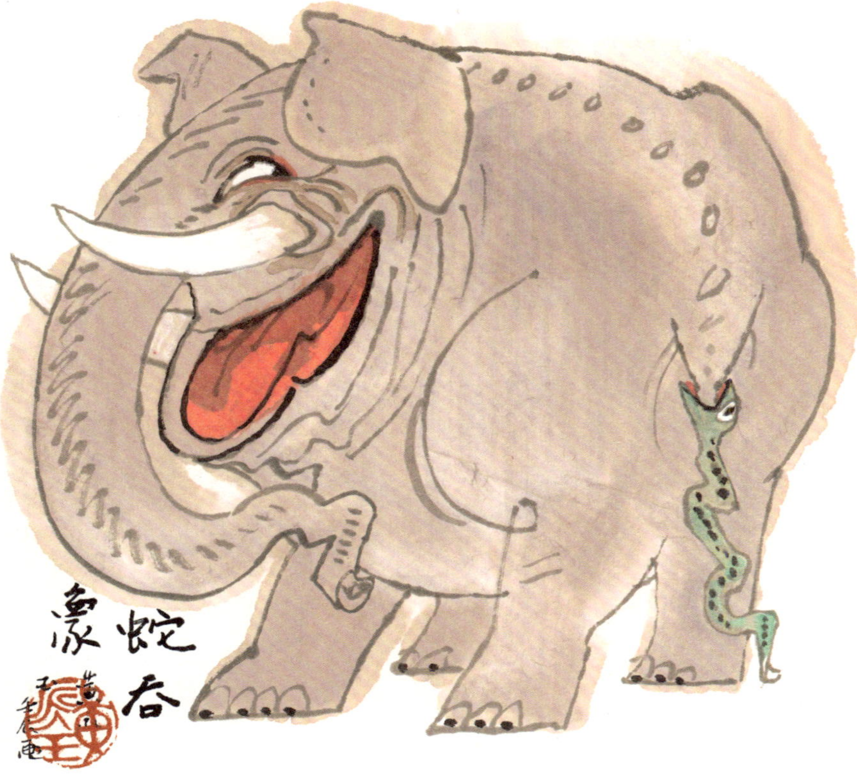
蛇吞象

午马

生肖·马　　黄永玉作 甲午 2014 年

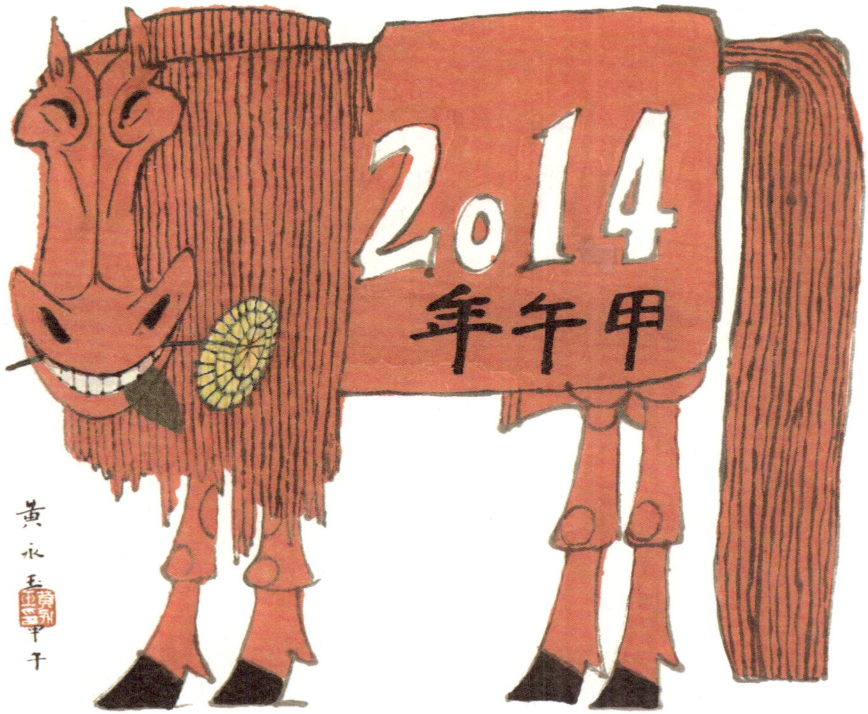
2014
甲午年
黄永玉
甲午

今天的中國是什麼樣的中國

甲午年春日 黄永玉九十岁

新年献詞

今年又是甲午，難免不讓人心跳。想想一百二十年前的甲午之戰，滿清敗在日本手裡，七十七年前蘆溝橋那一仗開始打了八年，日本人真是承認輸了。其實他幾時真正承認敗過，承認有罪？承認對不起中國死難人民？由於天性，他們根本學不起德國民族承認罪過的勇敢精神，加上狹隘的眼光和氣量，更做不到

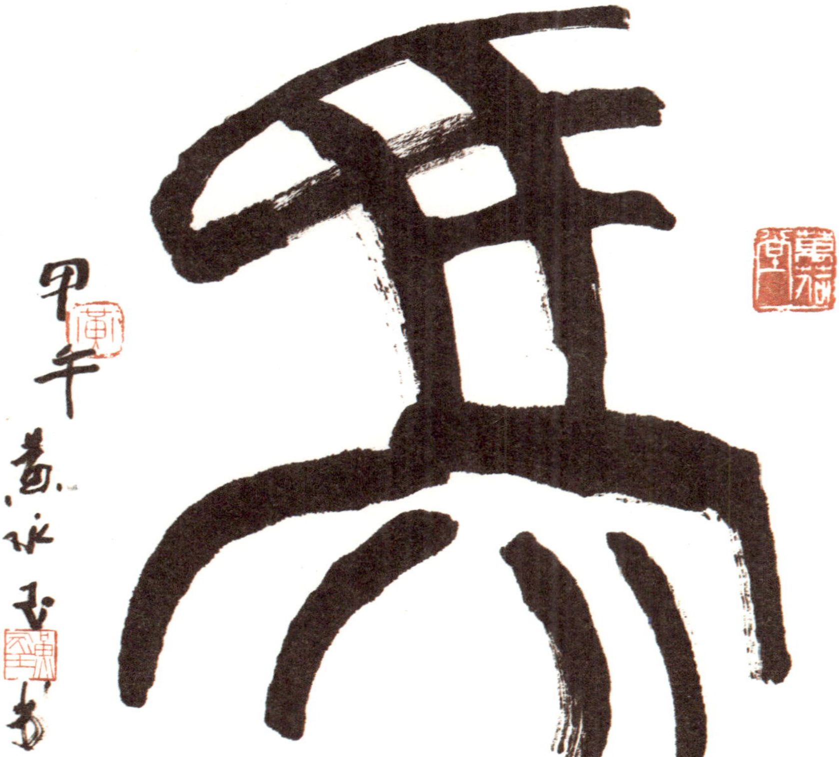
甲午
黄永玉书

这样拍法马不死也怪！

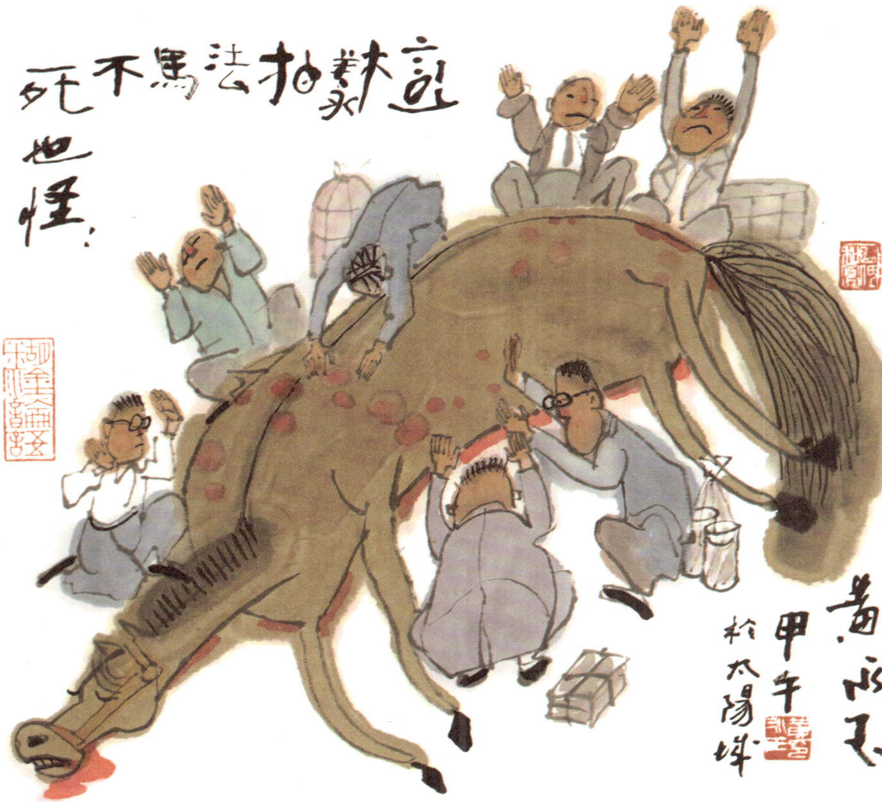
這麼拍法馬不死也怪！
黄永玉
甲午
於太陽城

几千年的战争史，所有的战功都是靠马完成的，却没有人对马说一句好话。

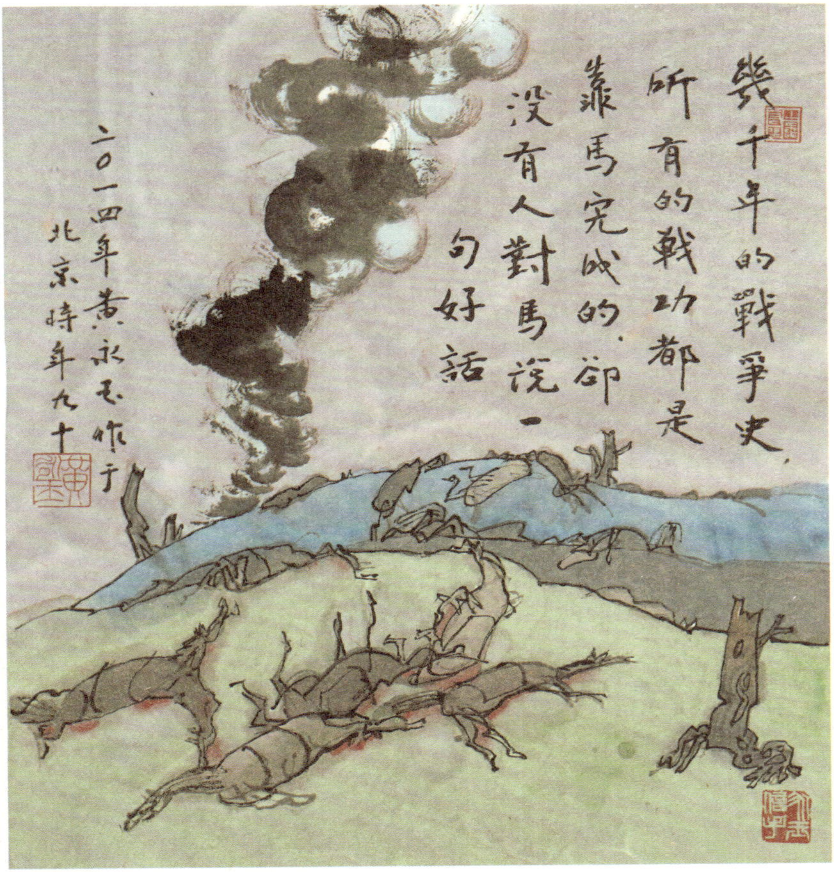
幾千年的戰爭史，
所有的戰功都是
靠馬完成的，卻
沒有人對馬說一
句好話
二〇一四年黃永玉作于
北京時年九十

老骥伏枥，志在千里。

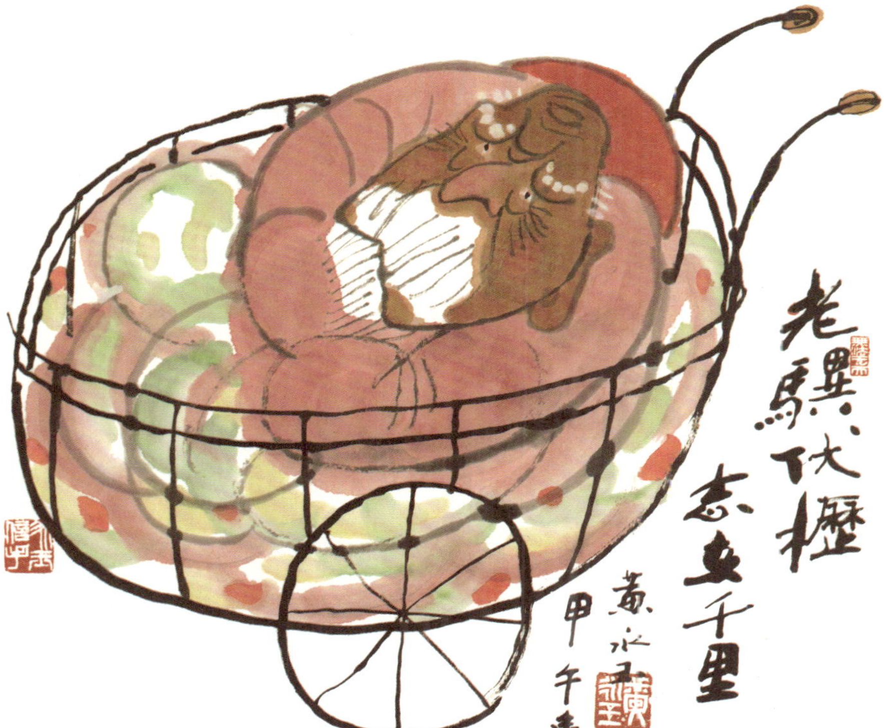
老驥伏櫪
志在千里
黄永玉
甲午年

什么叫马马虎虎，
它就是。

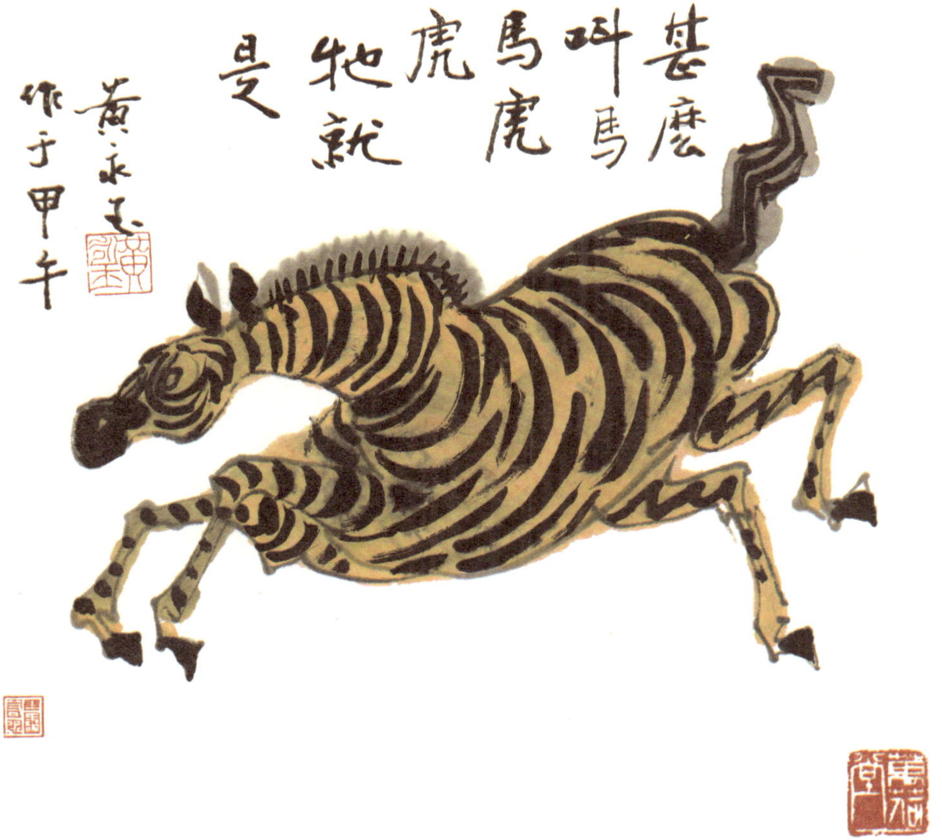
甚麼叫馬馬虎虎牠就是
黄永玉作于甲午

伯乐早晚也会挨一脚。

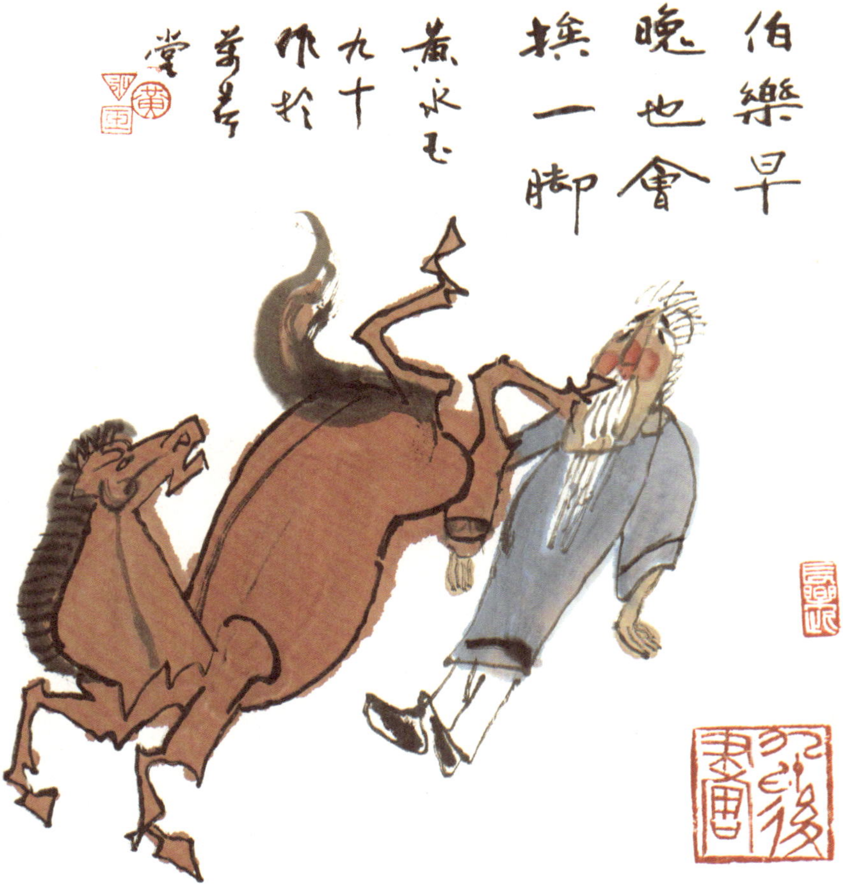
伯樂早晚也會挨一腳
黃永玉九十作於萬荷堂

又要马儿跑得好，
又要马儿不吃草。

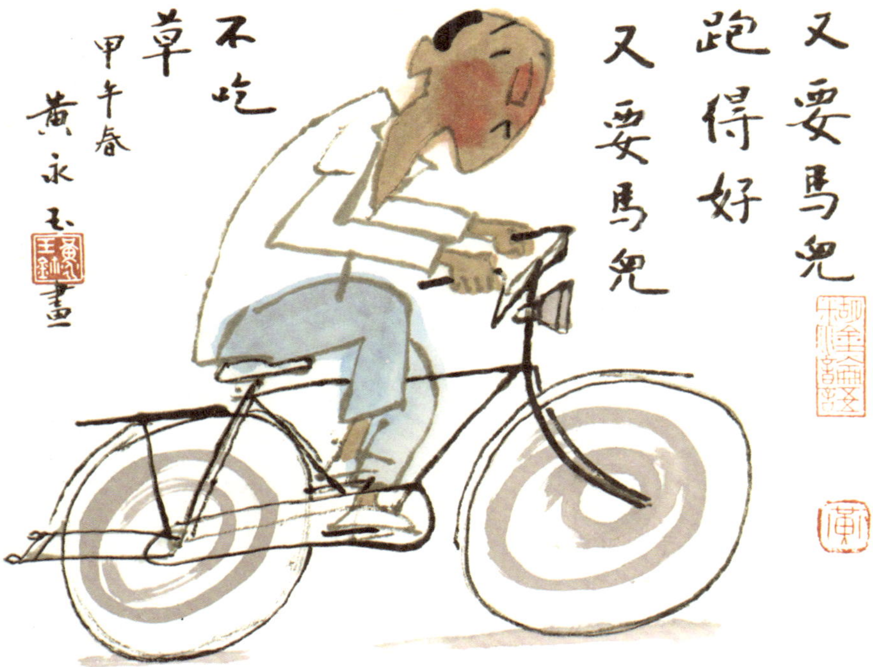
又要馬兒
跑得好
又要馬兒
不吃
草
甲午春
黃永玉畫

爸！这个外国老头怎么也姓马？

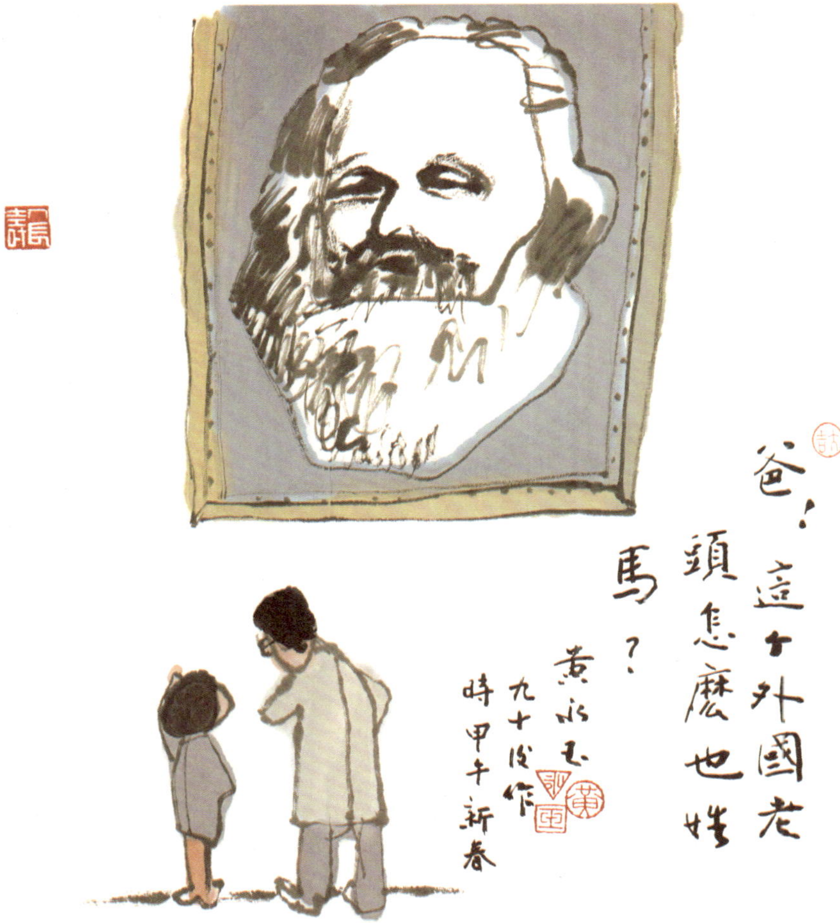
爸！這个外國老頭怎麼也姓馬？
黄永玉九十岁作
時甲午新春

老人家告诉我们，牛前、马后要注意。他老人家没告诉我们，对于人，前后都要注意。

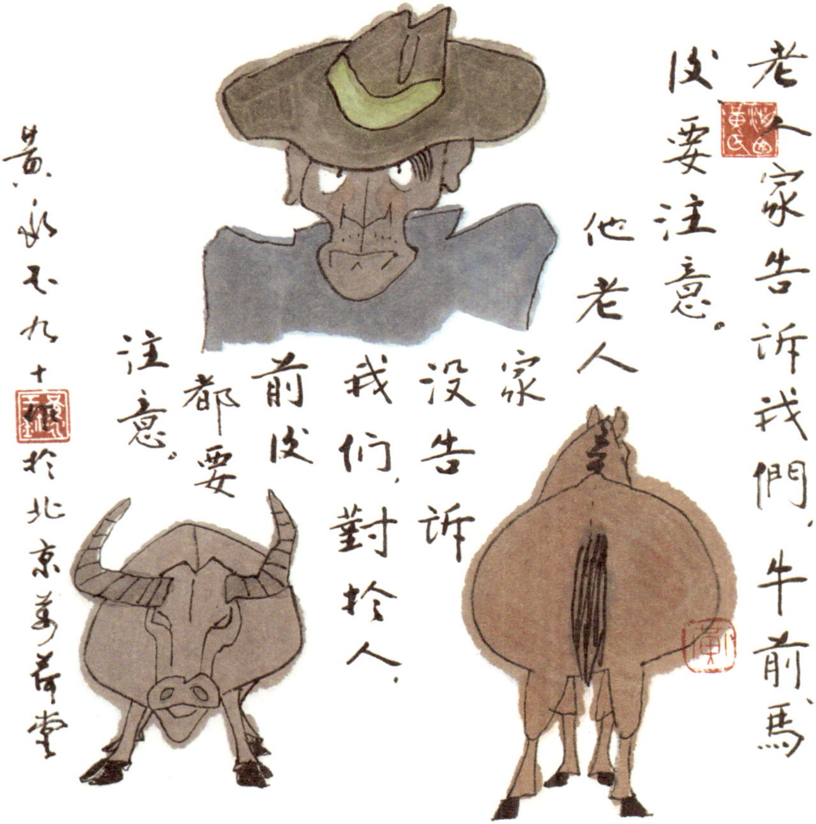
老人家告訴我們，牛前馬後要注意。
他老人家沒告訴我們，對於人前後都要注意。
黃永玉九十作於北京萬荷堂

新木马计（欲知详细故事请参阅《荷马史诗》）

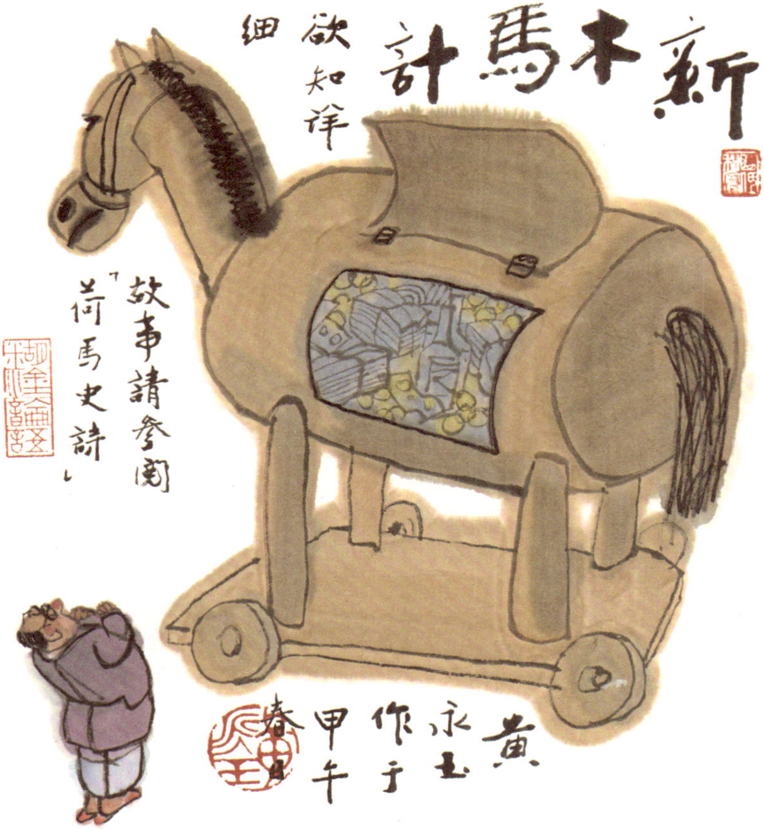
新木馬計
欲知详细
故事請參閱「荷馬史詩」
黄永玉作于甲午春日

以前没见过骆驼的，
叫它做『马肿背』。

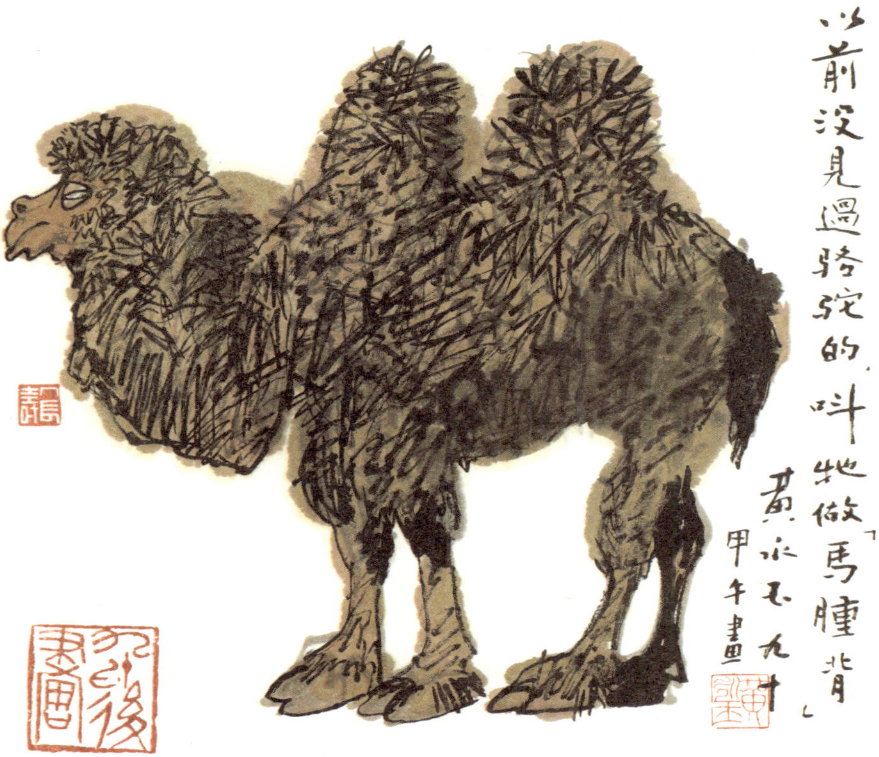
以前沒見過駱駝的，叫牠做「馬腫背」
黃永玉九十
甲午畫

维尼

黑妮有三匹小种矮马，跟我们北京养的大狗差不多高。我几十年前在江西上犹报馆下乡采访，跟马生活了一个多月，发现马前腿内侧左右各有一块厚疤，人告诉我是马的夜眼，走夜路能看得见。我将信将疑。问黑妮，她说是。且告诉我，有时大马生小马时小马左右前腿紧贴，要动手术把它割开来。怪哉！怪哉！

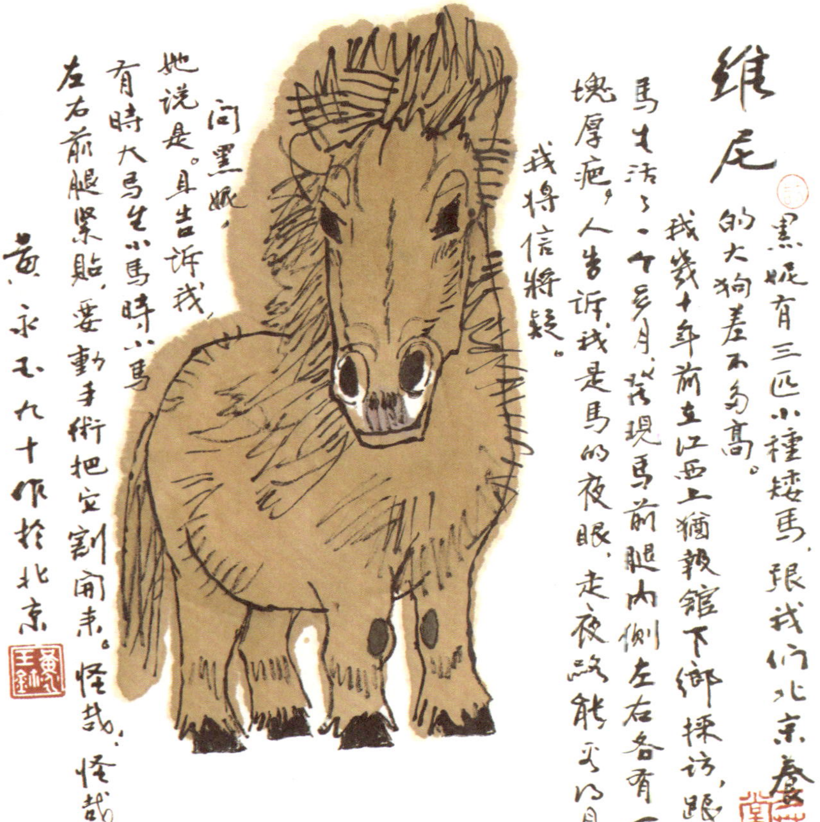

維尼
黑妮有三匹小種矮馬，跟我們北京养的大狗差不多高。
我幾十年前在江西上猶報館下鄉採訪，跟馬生活了一个多月，發現馬前腿內側左右各有一塊厚疤，人告訴我是馬的夜眼，走夜路能看得見。
我將信將疑。
問黑妮，她說是。且告訴我，有時大馬生小馬時，小馬左右前腿緊貼，要動手術把它割開來。怪哉！怪哉！
黄永玉九十作於北京

无寻处，惟有少年心。

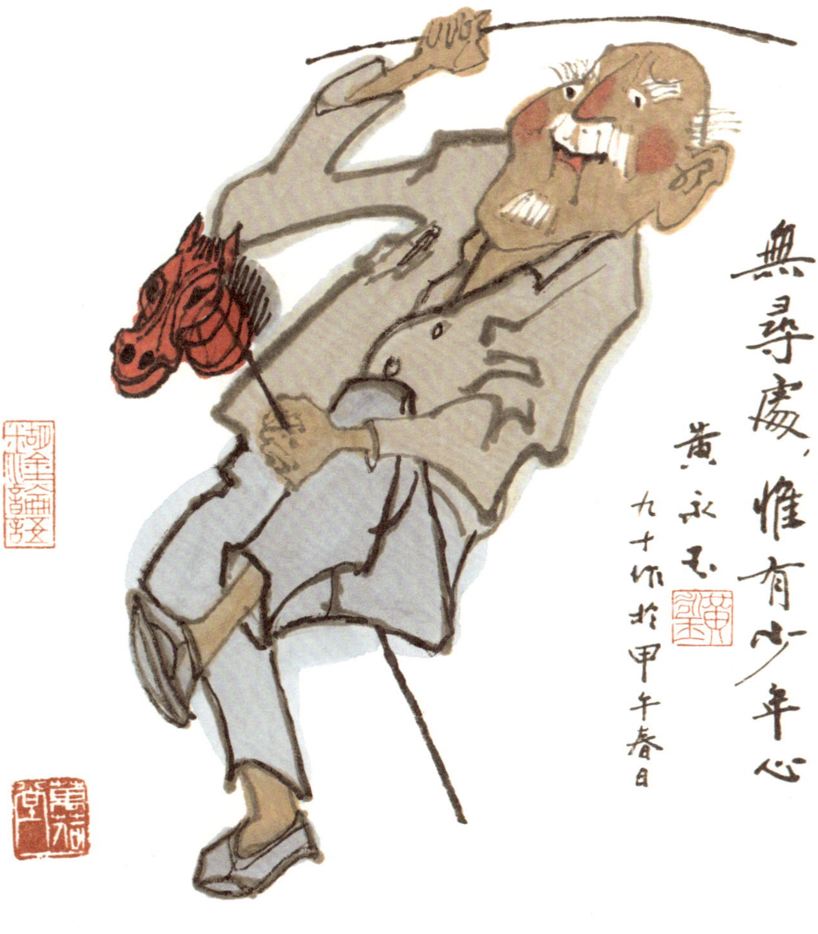
無尋處，惟有少年心
黃永玉
九十作於甲午春日

未羊

生肖·羊　　黄永玉作　甲午 2014 年

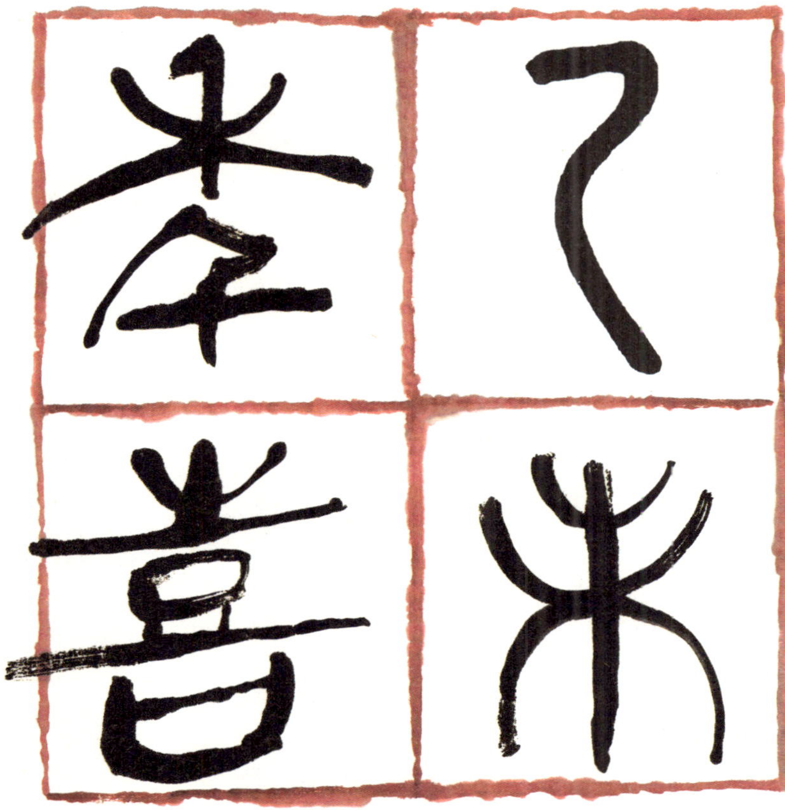

羊年万事如意，全家老小身體健康！

二〇一四年十二月十日蕭永正於意大利 時年九十有一。

我的一本好多年前寫的書「從塞納河到翡冷翠」意大利文的出版發布會，我九月底來到意大利，在翡冷翠和羅馬住了好些日子。現在回到茅奇城，聖塔瑪托、無數小樓家裡。眼看來年羊年就要來到，年年出版的生肖掛曆還沒動手，覺得缺了一年不好，心裡不免着急。

羊，是種老實動物，沒有甚麼花樣，想出十二個點子讓人焦心。費了幾天時間，改改弄弄，總[illegible]。

[illegible]

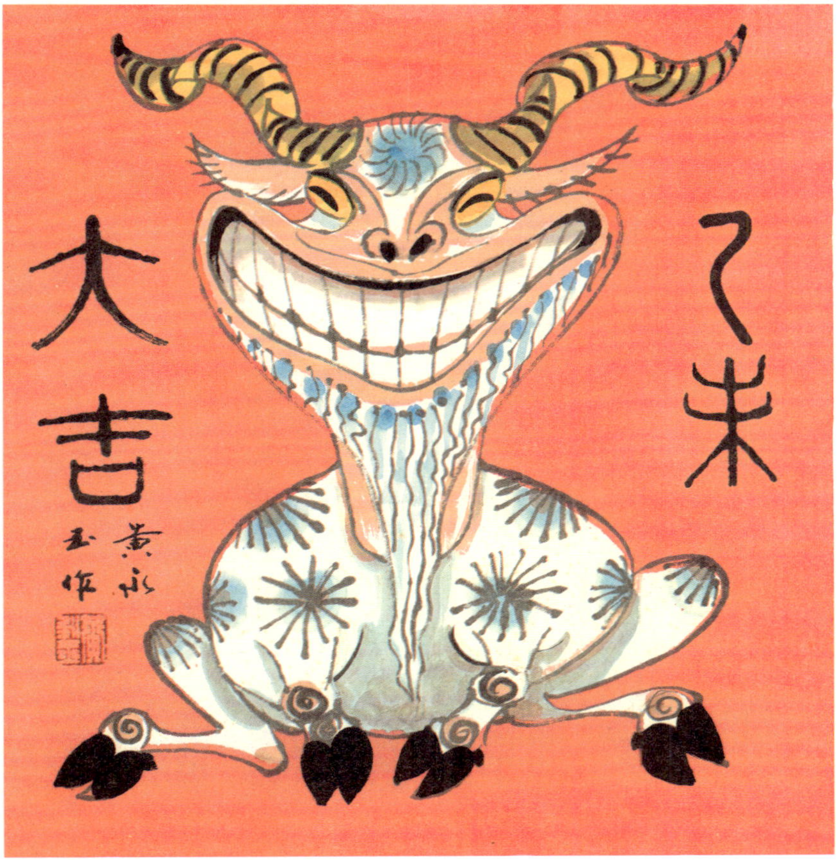
乙未
大吉
黄永玉作

泰山

碧霞元君祠的铜瓦是羊背上山的，人是非常残忍而又非常聪明。孩子问：羊背了这么多瓦上山，人以后对它们会好一点吗？我不敢回答。

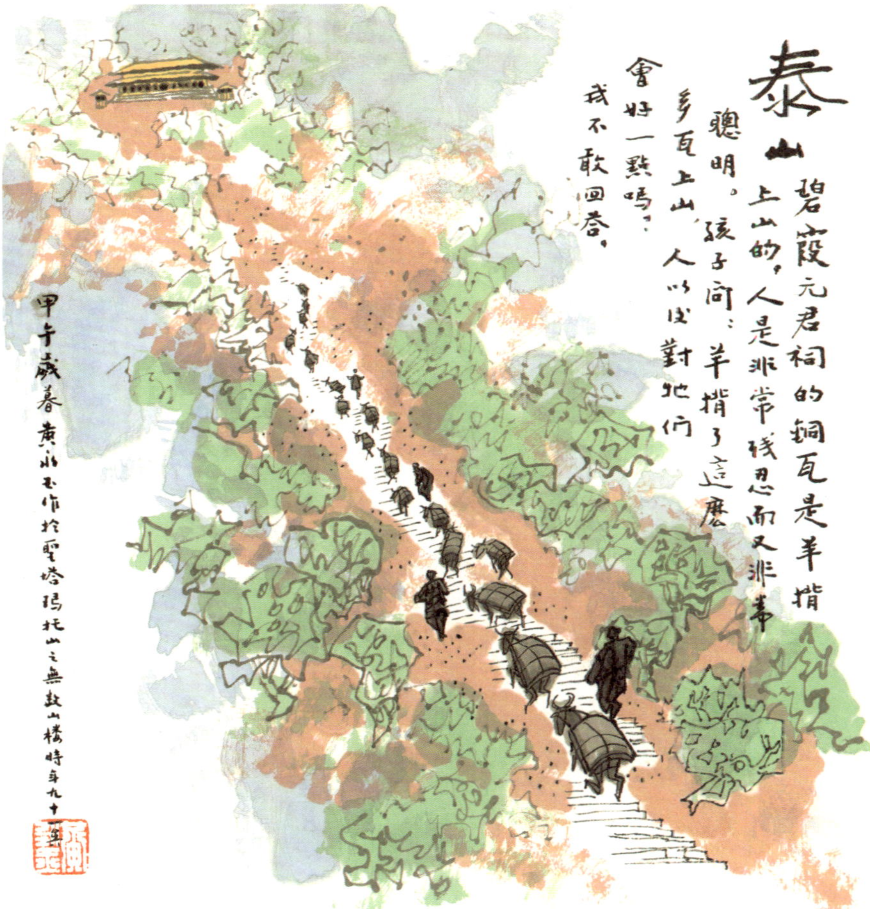
泰山
碧霞元君祠的銅瓦是羊揹上山的，人是非常殘忍而又非常聰明。孩子问：羊揹了這麽多瓦上山，人以後對牠们會好一點嗎？
我不敢回答。
甲午歲暮 黃永玉作於聖塔瑪托山之無數山樓時年九十

猴子骑绵羊，马不像马，人不像人。

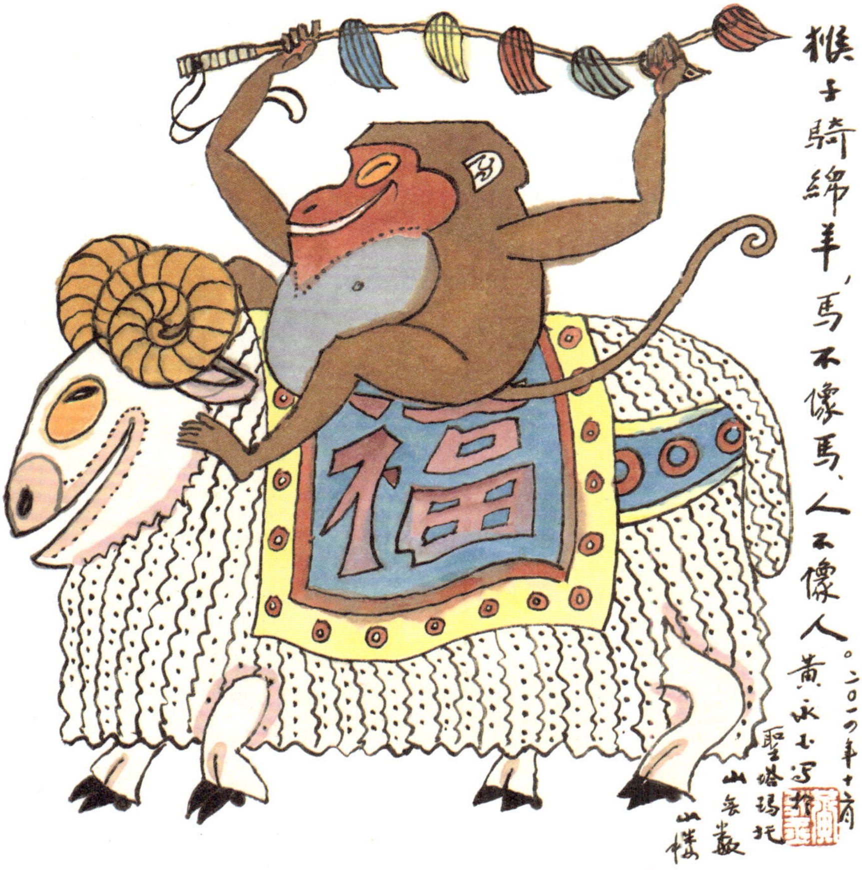
猴子騎綿羊，馬不像馬、人不像人。
二〇一〇年十月
黃永玉寫於
聖塔瑪托
山無數
山樓

红羊劫

宋柴望作丙丁龟鉴，大旨谓丙午丁未为国家危会，因摭秦庄襄王以后至晋天福十二年，凡值丙午丁未者二十有一，皆有事变应之，世因谓丙午丁未之厄，曰红羊劫。丙属火，色赤，未为羊，故云。我七〇年起生活于河北劳改农场三年，夜半拱被以手电翻读《辞海》见此条，复验阅它书，感唯心之论尚能如此吓人，甚奇！

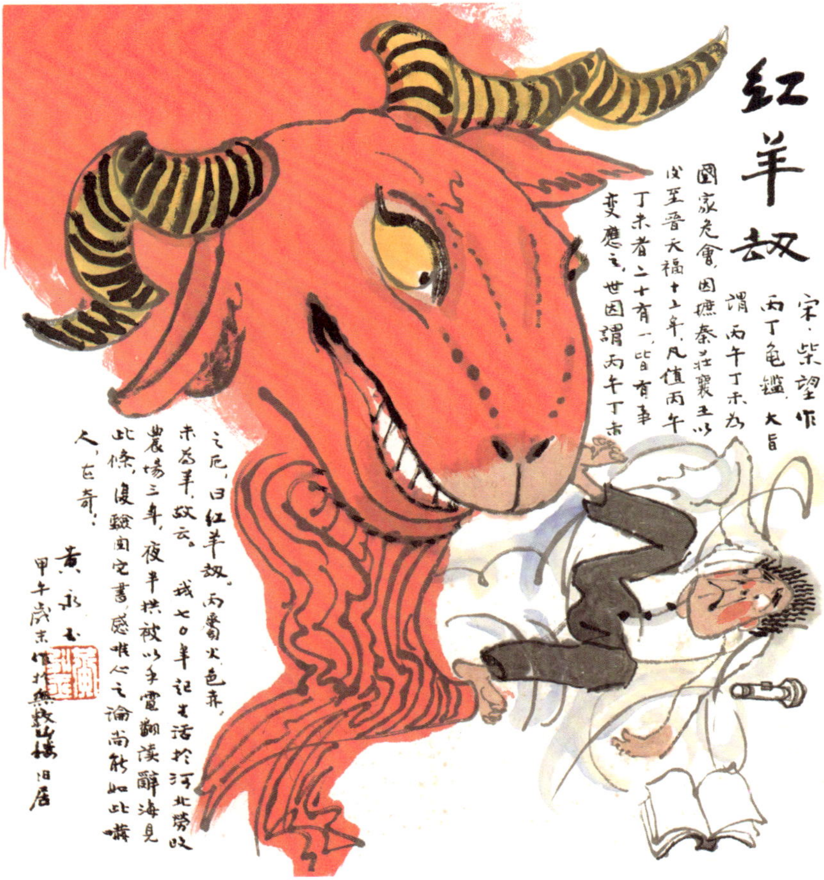
紅羊劫
宋·柴望作丙丁龜鑑，大旨謂丙午丁未為國家危會，因摭秦莊襄王以汲至晉天福十二年，凡值丙午丁未者二十有一，皆有事變應之，世因謂丙午丁未之厄，曰紅羊劫。丙屬火，色赤，未為羊，故云。
我七〇年記生活於河北勞改農場三年，夜半拱被以手電翻漢辭海見此條，復驗閱宅書，感唯心之論尚能如此嚇人，亦奇！
黃永玉 甲午歲末作於無數山樓舊居

芳诺

阿波罗找芳诺比赛吹笛，阿波罗输了，很不高兴，罚芳诺长了羊角羊腿去牧羊，吹一辈子的笛。芳诺不以为意，高高兴兴每天吹他的笛，放他的羊。

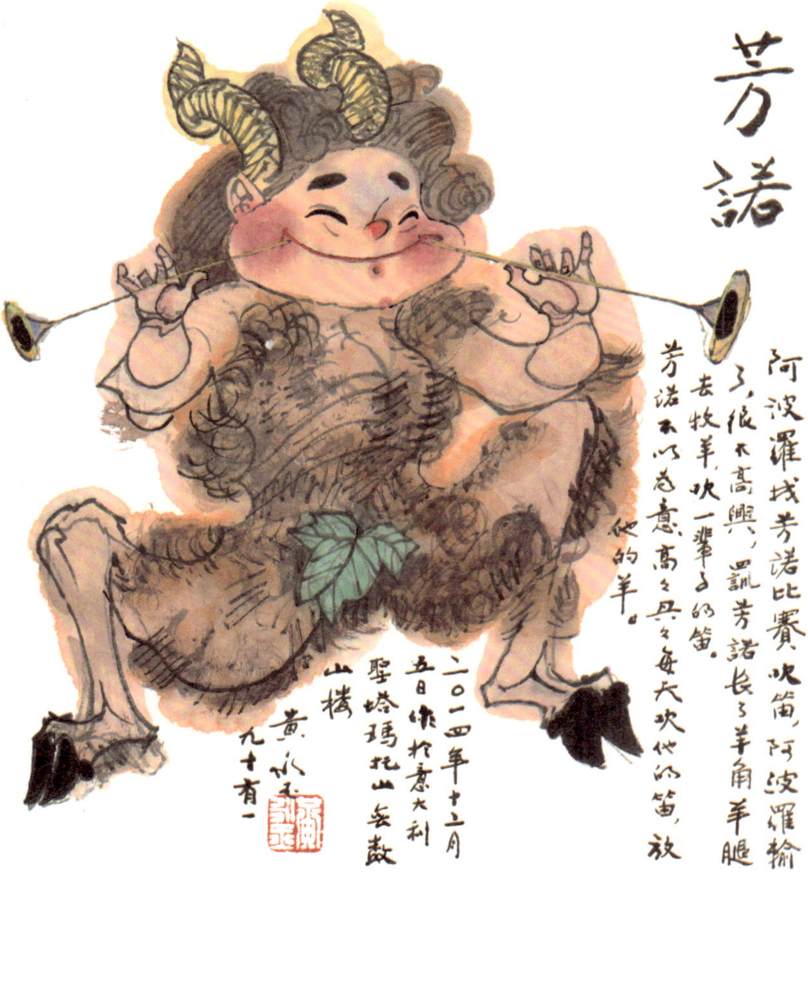
芳諾
阿波羅找芳諾比賽吹笛，阿波羅輸了，很不高興，罰芳諾長了羊角羊腿去牧羊，吹一輩子的笛。
芳諾不以為意，高高興興每天吹他的笛，放他的羊。
二〇一四年十二月五日作於意大利聖塔瑪托山缶鼓山樓
黄永玉九十有一

弱者的绝招

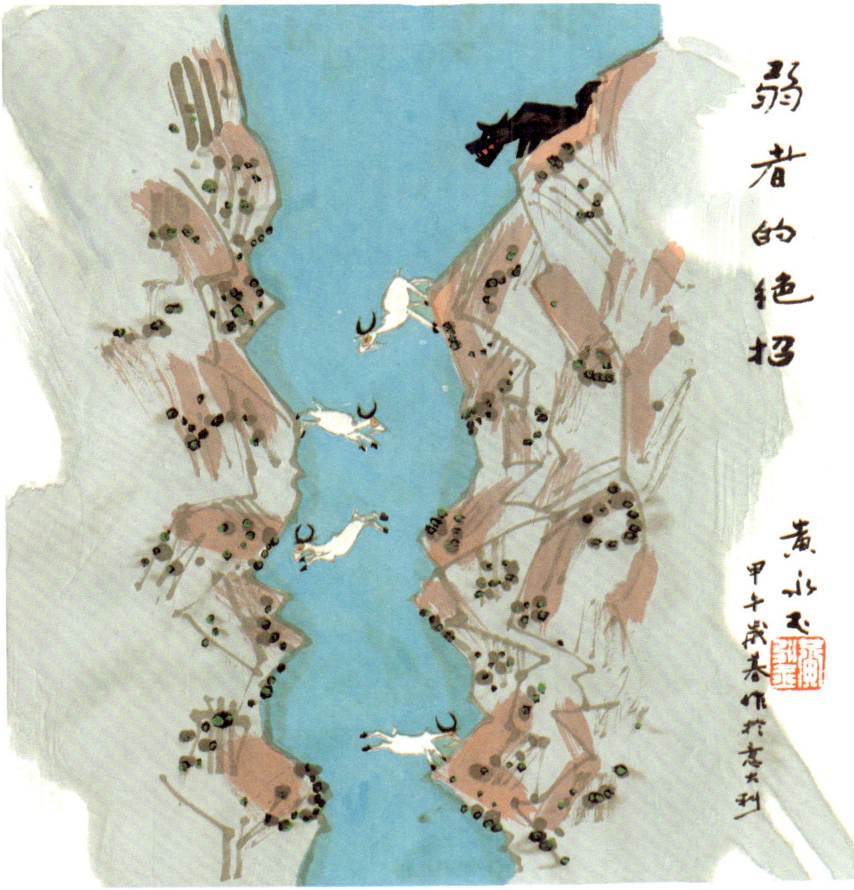
弱者的绝招
黄永玉
甲午岁春作於意大利

铤而走险，
连平衡木都不用。

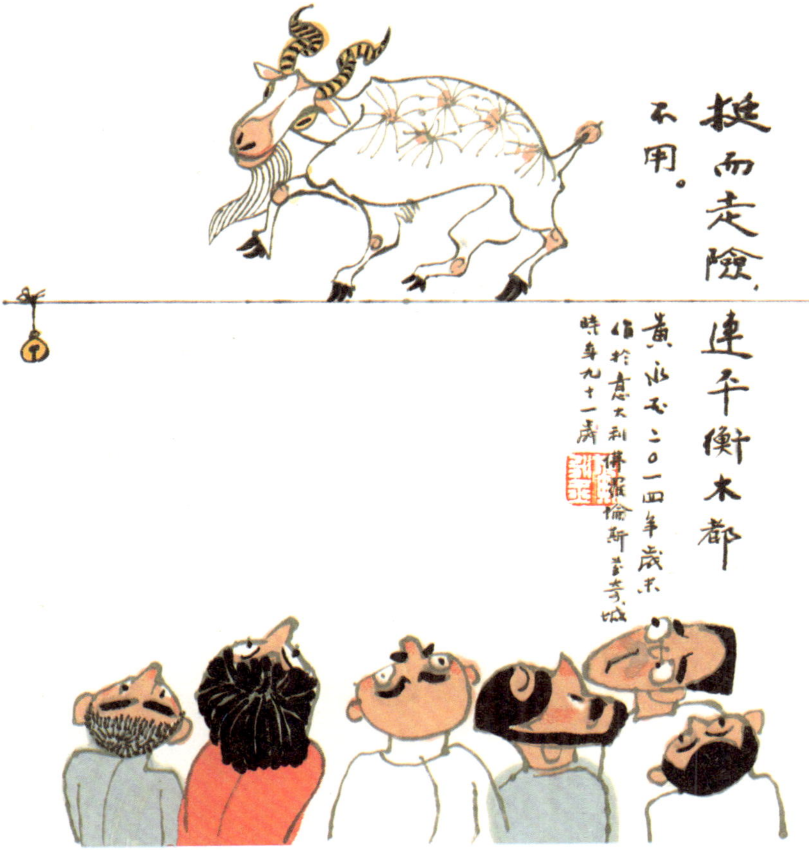
挺而走險，連平衡木都不用。
黃永玉二〇一四年歲末
作於意大利佛羅倫斯芬奇城
時年九十一歲

『妈妈！小羊干吗跪着吃奶？』孩子问。
『感谢妈妈。』妈妈回答。

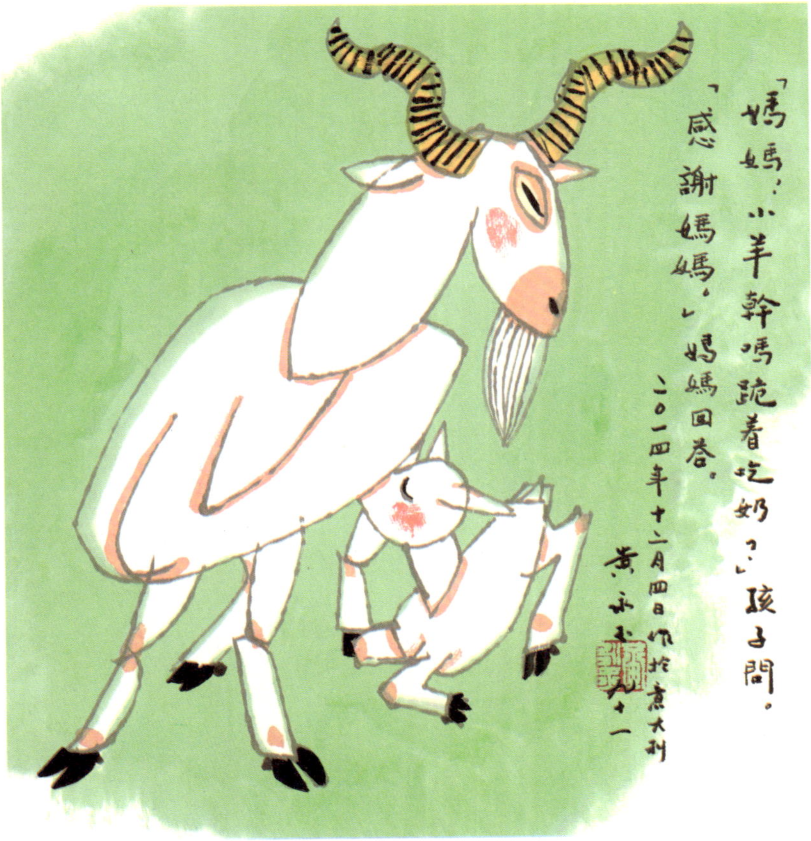
「媽媽，小羊幹嗎跪着吃奶？」孩子問。
「感謝媽媽。」媽媽回答。
二〇一四年十二月四日作於意大利
黄永玉九十一

还不赶快追羊，补什么牢？

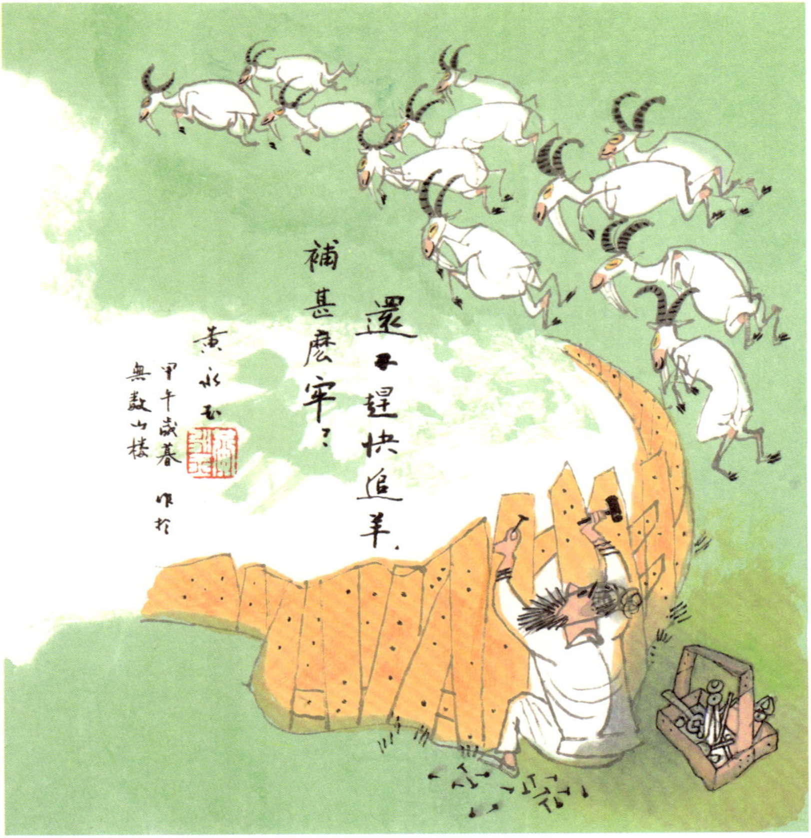
還不趕快追羊，
補甚麼牢？
黃永玉
甲午歲暮 作於
無數山楼

妈妈，母羊长胡子，
你干吗不长？

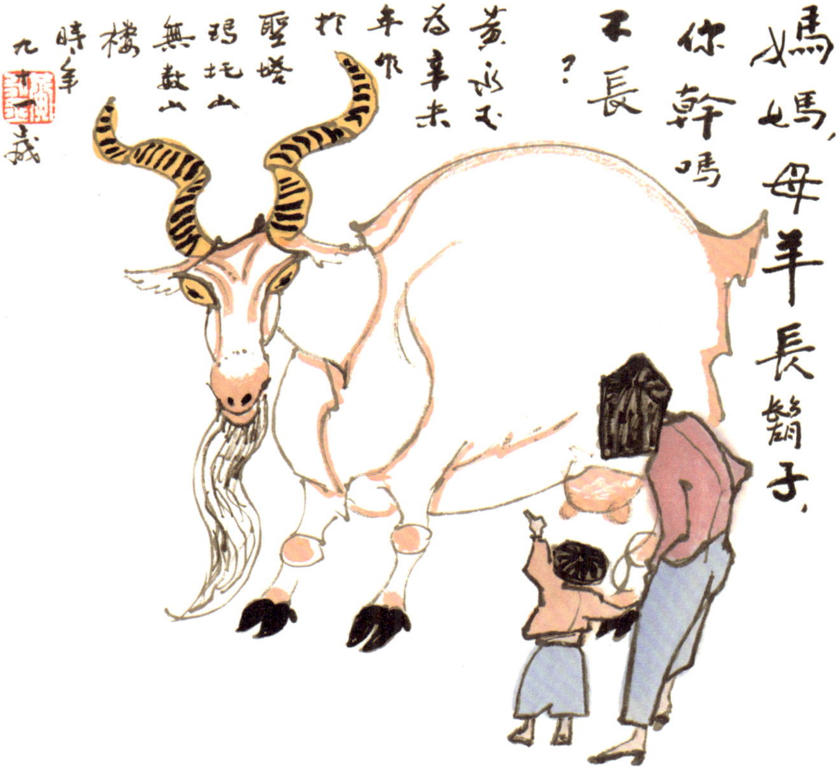
媽媽，母羊長鬍子，
你幹嗎
不長？
黃永玉為辛未年作於聖塔瑪托山無敵山樓時年九十一歲

挂羊头，卖狗肉，这是古时候的话，今天狗肉比羊肉贵，谁会做这种蚀本生意？

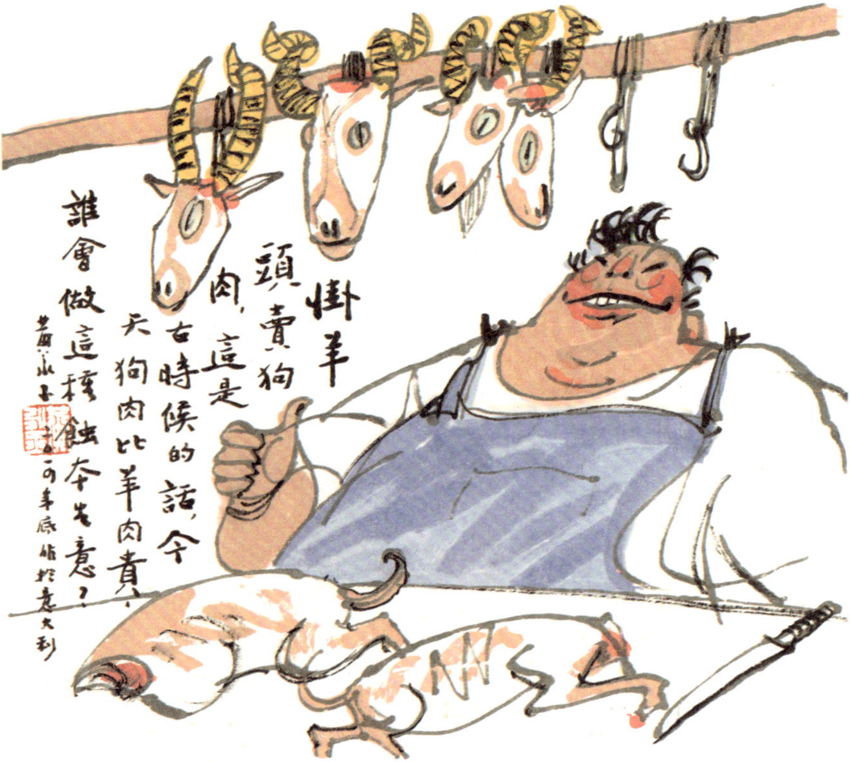
掛羊頭賣狗肉，這是古時候的話，今天狗肉比羊肉貴，誰會做這種蝕本生意？
黃永玉丙寅年底作於意大利

羊披狼皮犯不着，且非常危险。狼披羊皮才是生活中常见现象，老实人常因此受灾，不可不小心注意！

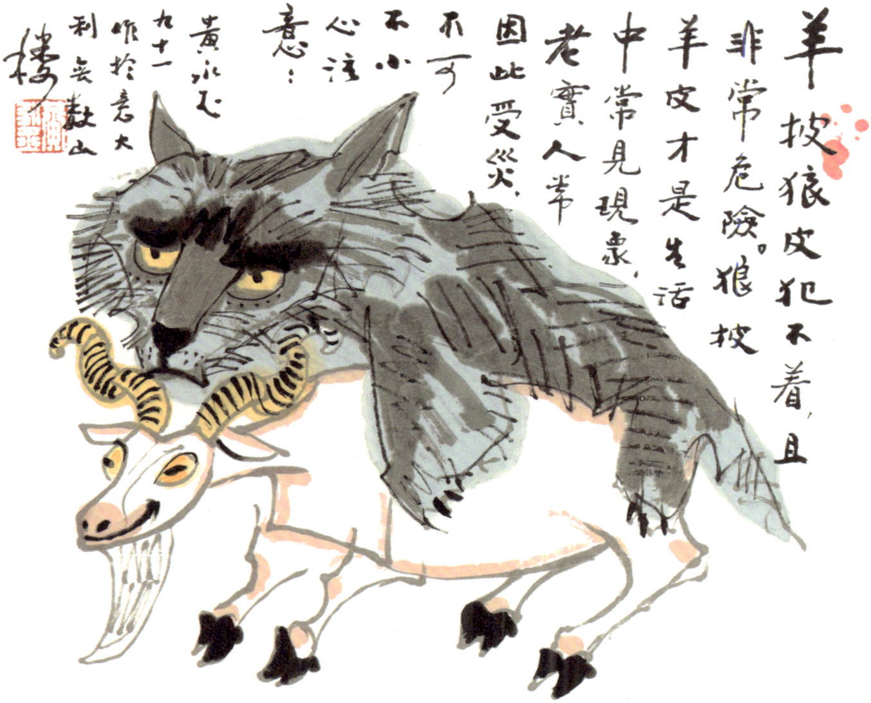
羊披狼皮犯不着，且
非常危險。狼披
羊皮才是生活
中常見現象，
老實人常
因此受災，
不可
不小
心注
意意
黄永玉
九十一
作於意大
利安戲山
樓

轰轰烈烈，虎伺在侧。

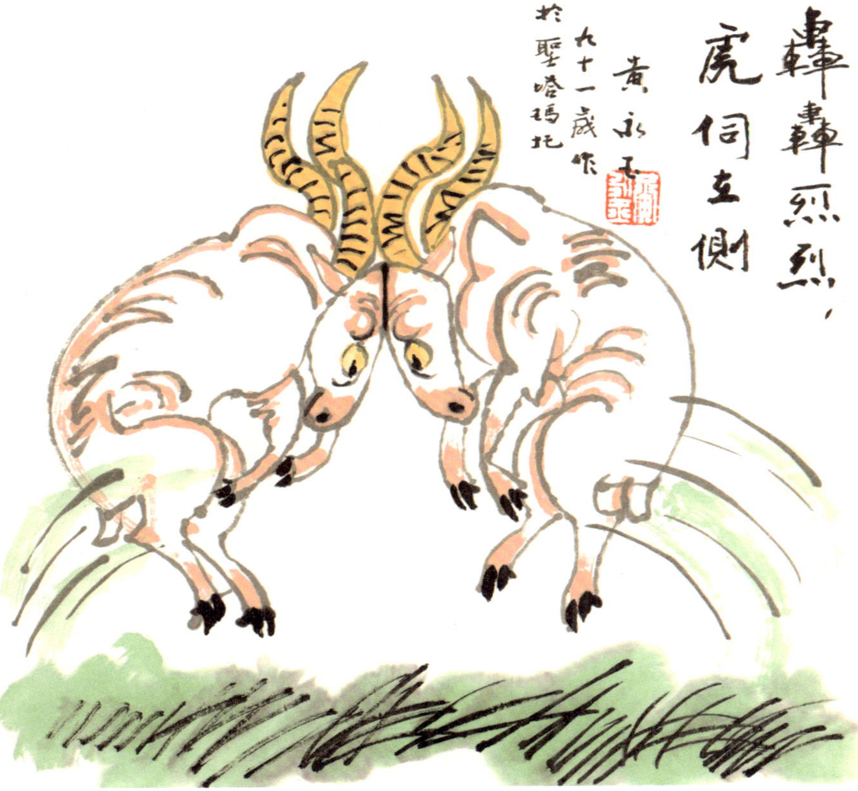
轟轟烈烈，
虎伺在側
黃永玉
九十一歲作
於聖嗒瑪托

生肖·猴　　　黄永玉作 乙未 2015年

申猴

未做些不同的動作，歡歌我們今天現代文明的新時代和新新氣派。

跟猴子開玩笑的材料到處都是，可惜一年十二个月容納不下，只好請諸君原諒包涵了。

黄永玉敬上

丙申春正

自從那年幫郵電部画猴子郵票到現在，三十六年過去了。那時我才五十歲多一點。今年又叫我畫猴子郵票，我九十二三了，我說這是我最後一次画猴子。朋友哄我說：「不老、不老！你起碼還有二十年好活，再畫一圈猴子還有找頭……」「好笑！那時候我很可能去冥王星哪條大街上哪家茶館裡跟伽利略或哥白尼喝下午茶，幽幽太空，你怎麼找得我？」

融德画廊孫世千仁弟找我画生肖掛曆已經十一个年頭，明年再画一份雞曆就算是湊足一「紀」。今年的猴曆頗費力，用足一星期時間，力不從心，畢竟老了。猴子跟人關係密切，所以常被作為玩笑對象。牠捂嘴巴，矇眼睛、堵耳朵的民間彫塑和繪画形象流傳東南亞一帶、用來當做孔夫子的「非禮勿視、非禮勿言、非禮勿聽」的教訓。後來我在印度子象也見過這類古代彫刻，就覺得

猴年大吉

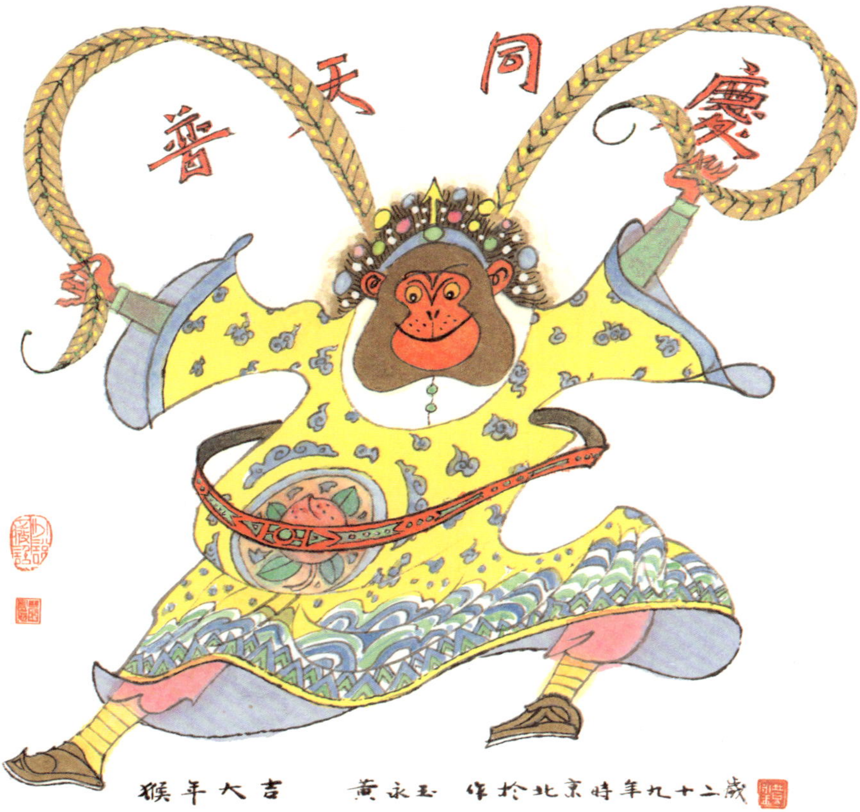
普天同慶
猴年大吉　黄永玉 作於北京時年九十二歲

乐游原上清秋节，
正好杜甫送李白。

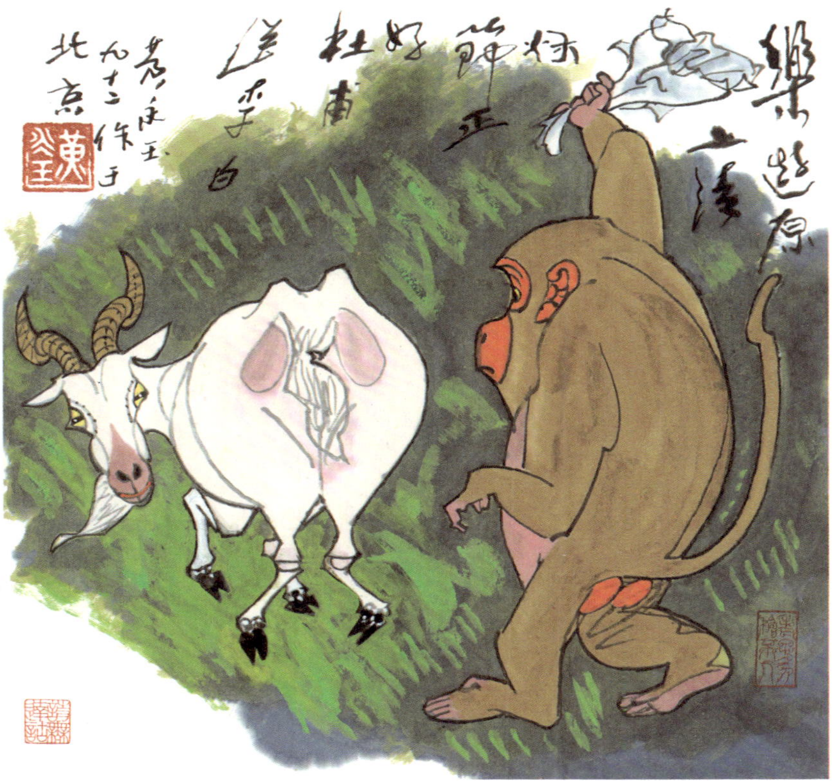
樂遊原上清秋節正好杜甫送李白
黃永玉八十二作于北京

二桃杀三士

猴子说：别管它！吃了再说。

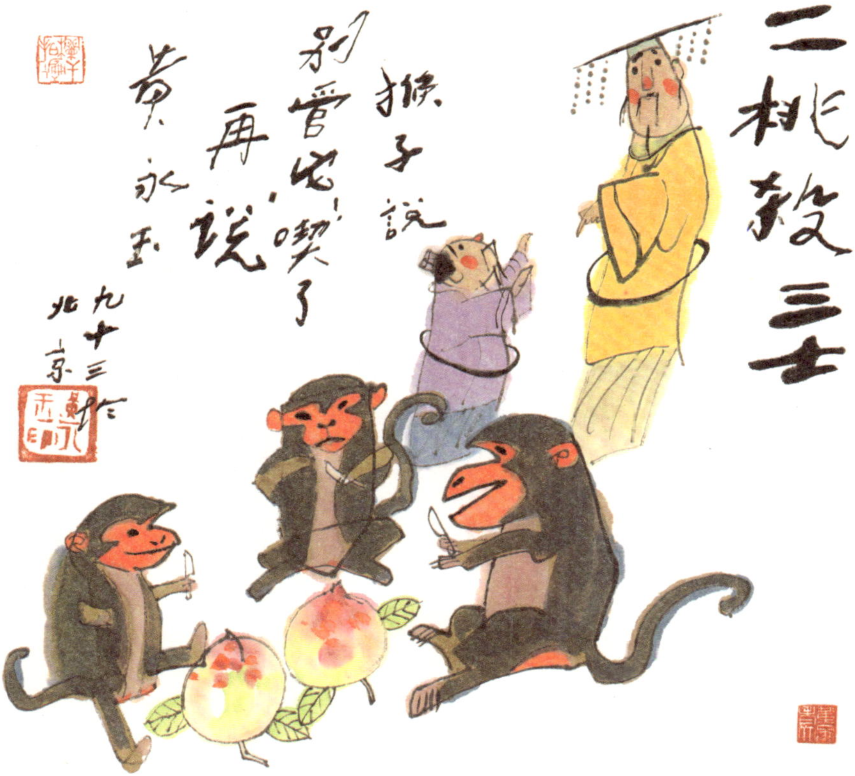

二桃殺三士
猴子說
別管它，喫了再說
黃永玉
九十三於北京

风水轮流转，
颠倒玩一盘。

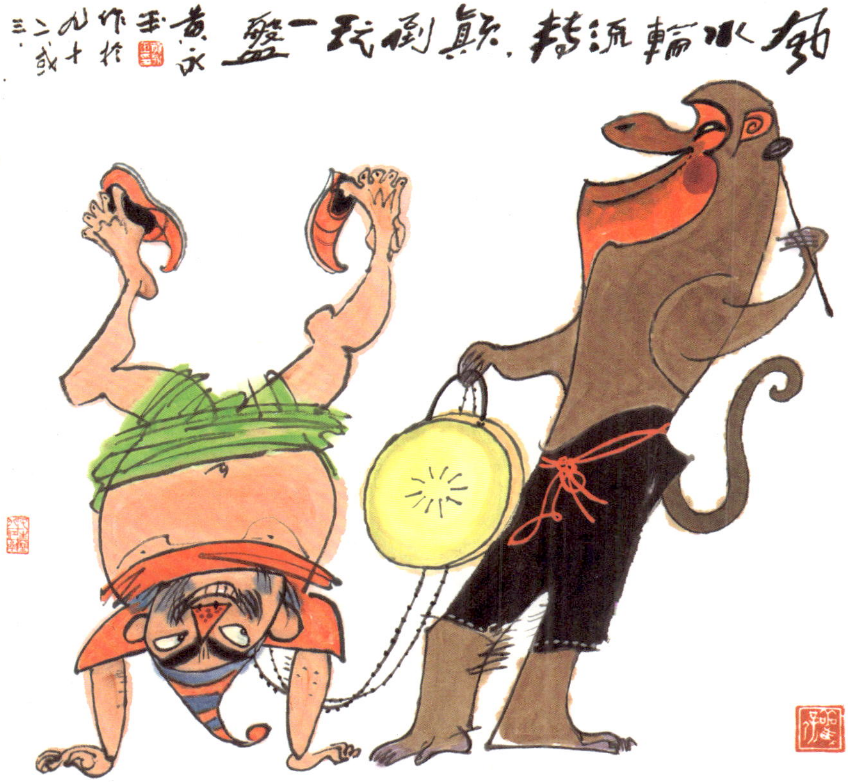
風水輪流轉，顛倒玩一盤
黃永玉作於九十二歲 三

猴呀猴！你可找到个好地方。

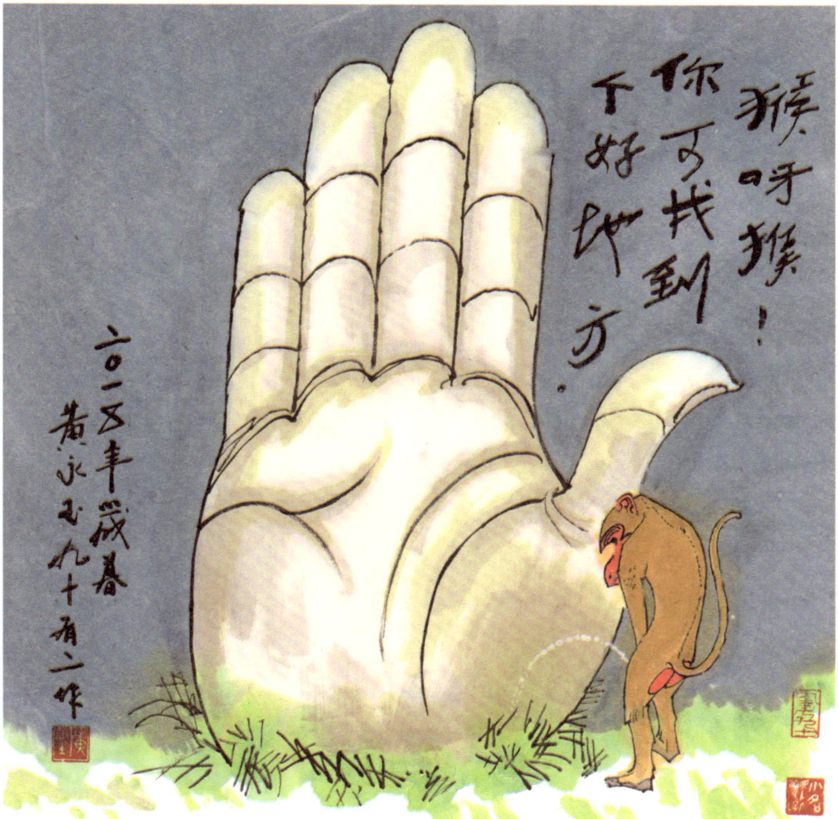
猴呀猴！
你可找到
下好地方。
二〇一八年戊戌春
黄永玉九十有二作

花果山美猴王整容宫开幕。

（人人为我，我为人人。）

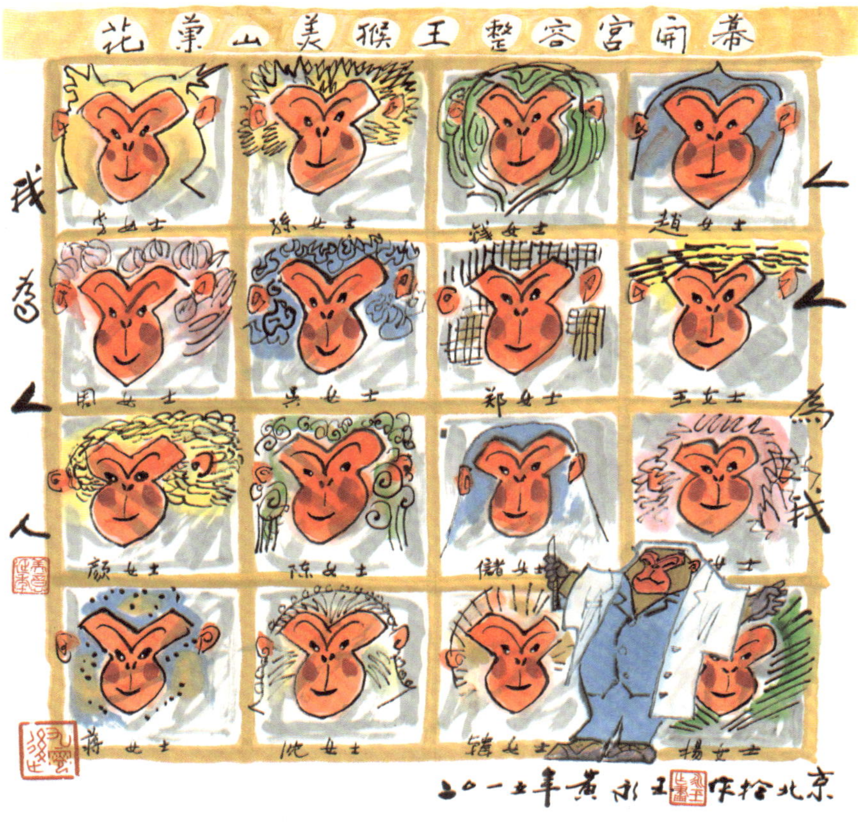

花菓山美猴王整容宫開幕
我為人人
人人為我
李女士
孫女士
錢女士
趙女士
周女士
吳女士
郑女士
王女士
陈女士
蒋女士
沈女士
楊女士
二〇一五年黄永玉作於北京

不分黄猴、蓝猴、绿猴、灰猴，能摘桃子就是好猴。

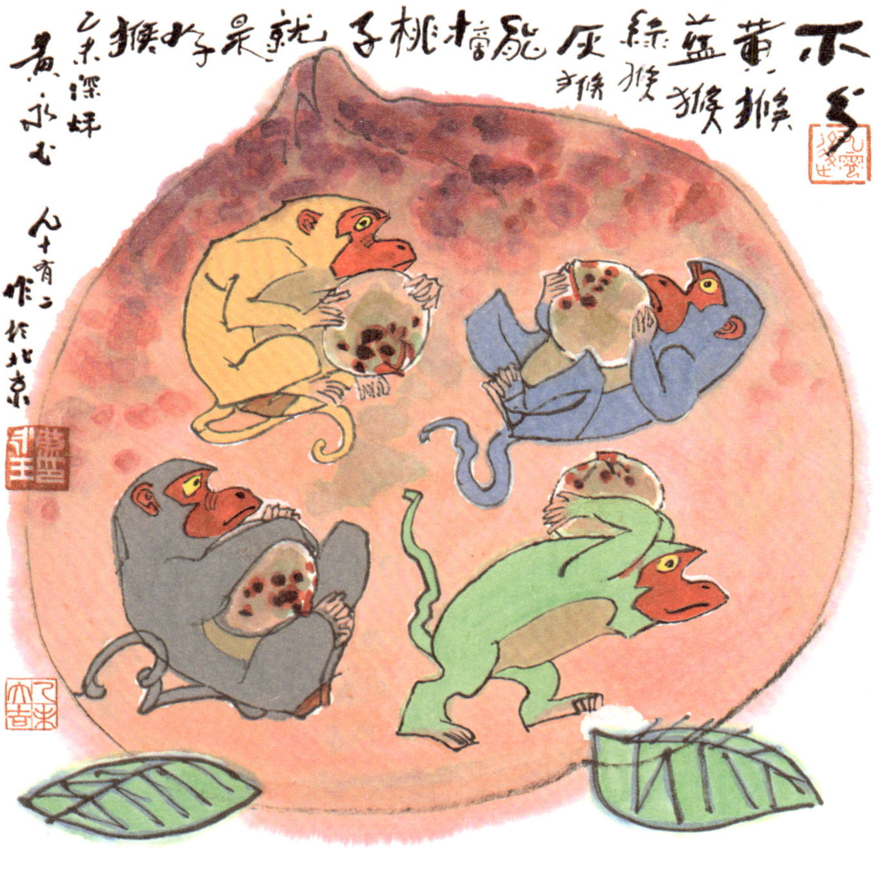

黄猴
蓝猴
绿猴
灰猴
桃子就是好猴
黄永玉
八十有二作于北京

别怕！妈妈在这里。

二六六

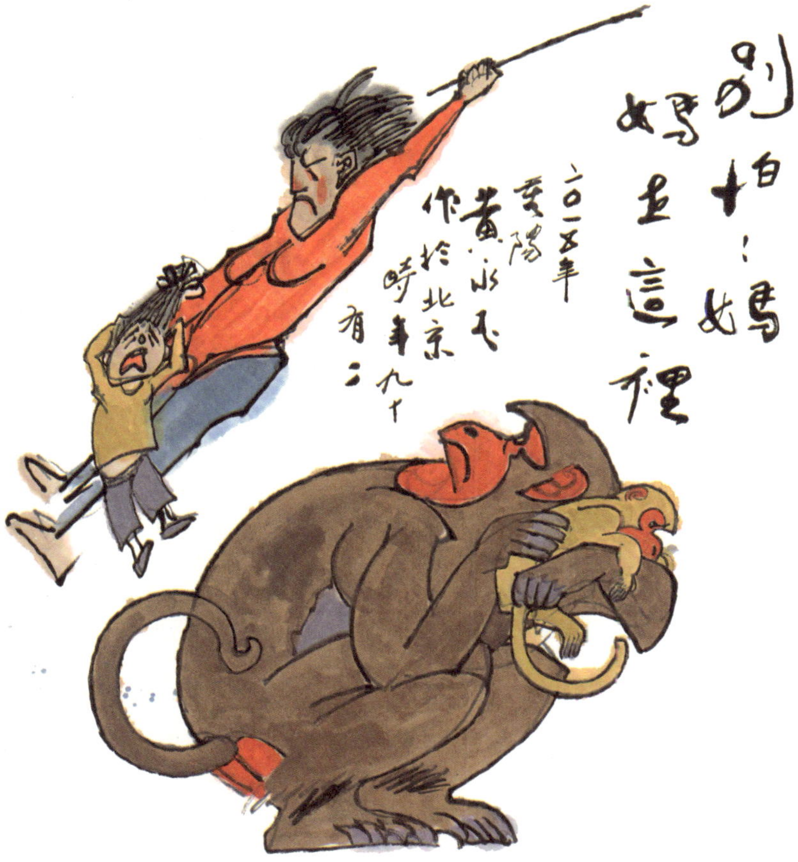

別怕！媽媽在這裡
二〇一五年
黃永玉作於北京時年九十有二

新时代敢看

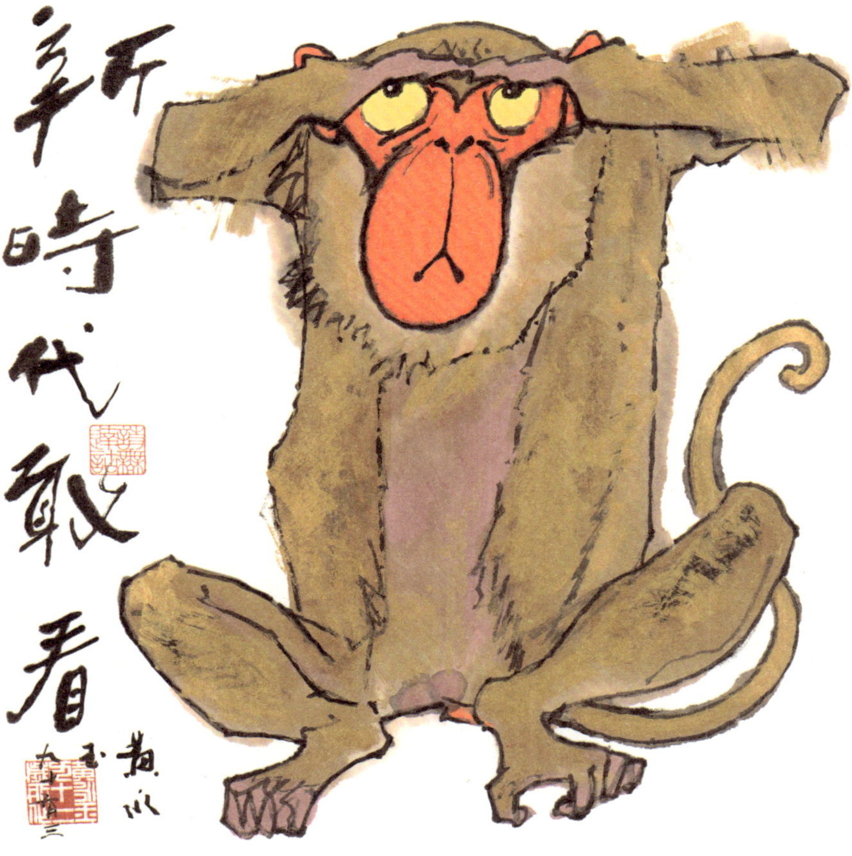
新時代
黃永玉

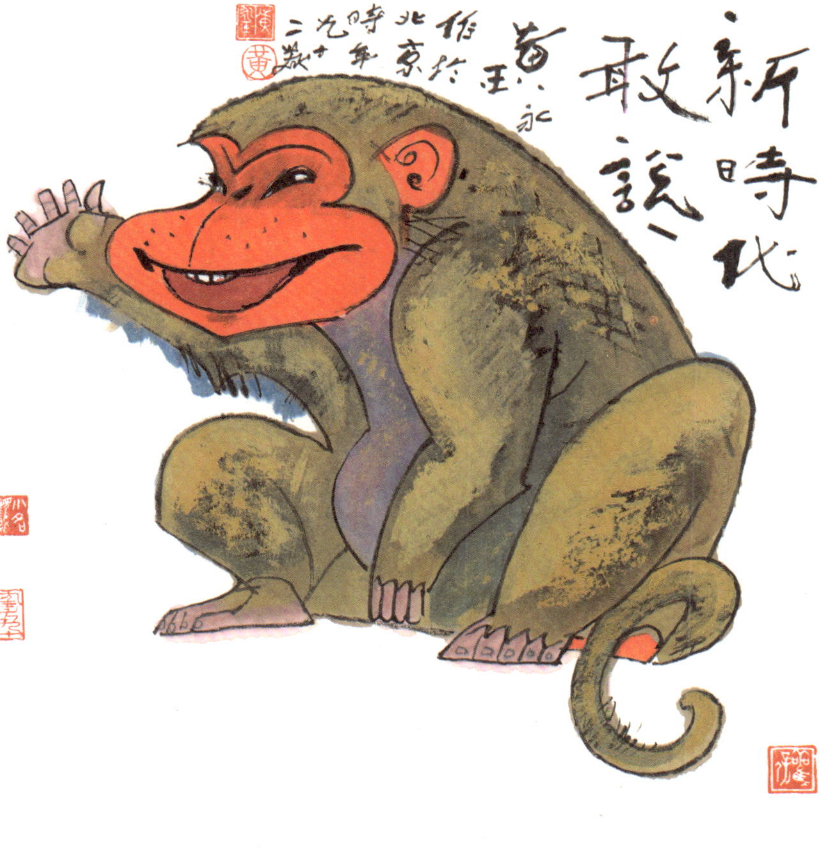
新時代
敢說
黃永玉

新时代好唱歌！

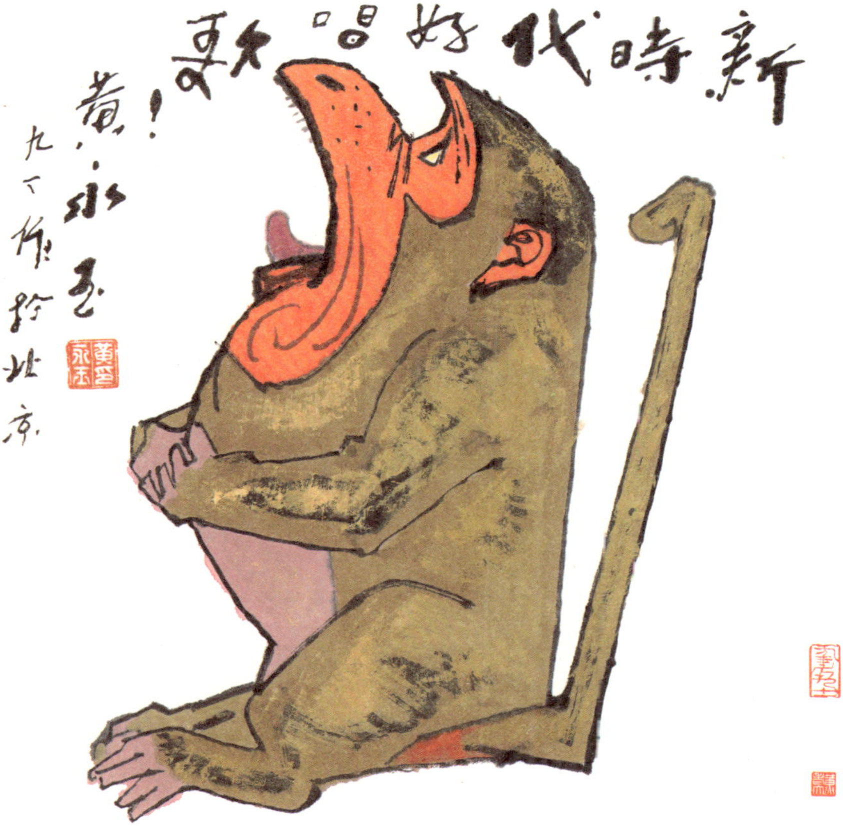
新時代好唱歌！
黄永玉

新时代敢听

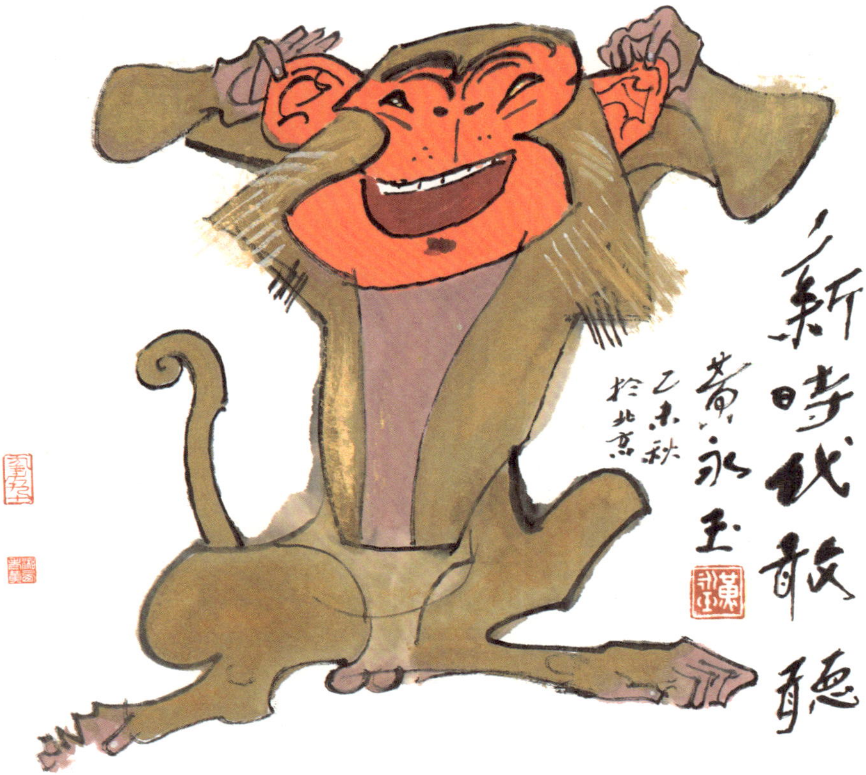
新時代敢聽
黄永玉
乙未秋
於北京

花果山水帘洞 一万次代表大会

开会了！不要玩手机！

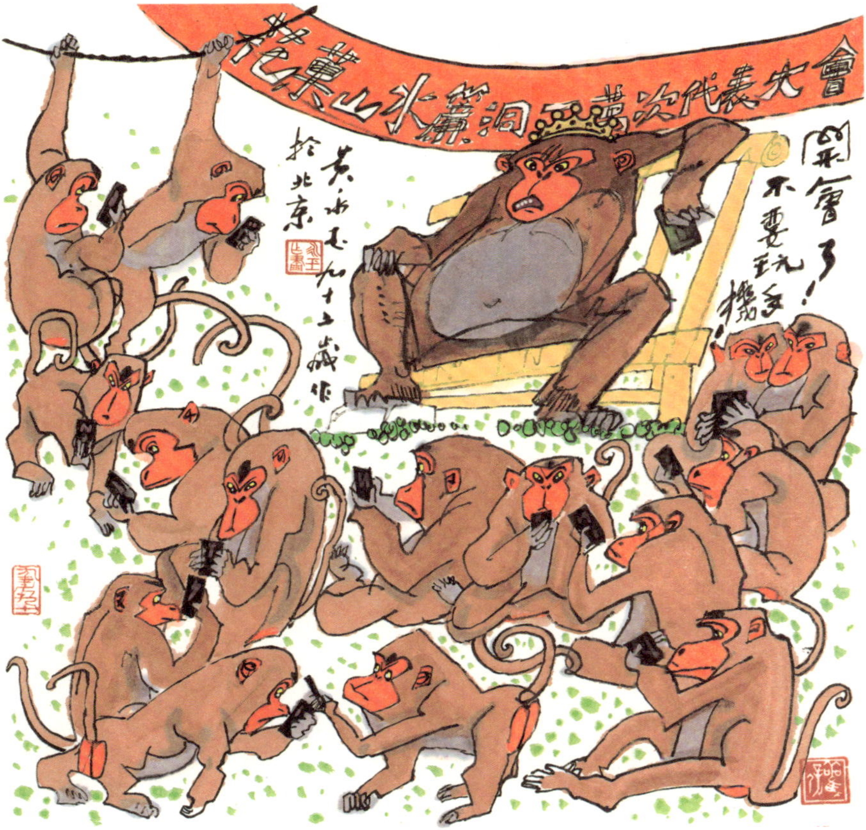

花菓山水簾洞
萬次代表大會
開會了！
不要玩手機！
黃永玉九十三歲作
於北京

酉鸡

生肖・鸡　　黄永玉作　丙申　2016年

應該是相當有意思的

謝謝孫世平仁弟這幾十年仁厚的合作，十二年生

肖掛曆的出版是其中之一。

前言

黄永玉
丁酉春日

時間是那麼地飛快流逝，眼看我画完了足足十二年的生肖月曆。人·究竟還是老了，九十二歲的人再挺也挺不到哪裡去了。

人問我，以後還画不画生肖月曆？回答曰：不画了！因為上天不可能再給我整整画得完一圈生肖的十二年時間。萬一画到一半或不到一半，我和月曆都斷了氣，豈不是十分之沒意思？

一年十二个月，月曆連封面帶說明共十四頁，十二乘十四，一共是一百六十八，開个展覽根夠規模的了，於是就開个展覽吧！

古人說，鷄有五个特點：頭戴冠者文也，足搏距者武也，敵在前敢鬭者勇也，見食相呼者仁

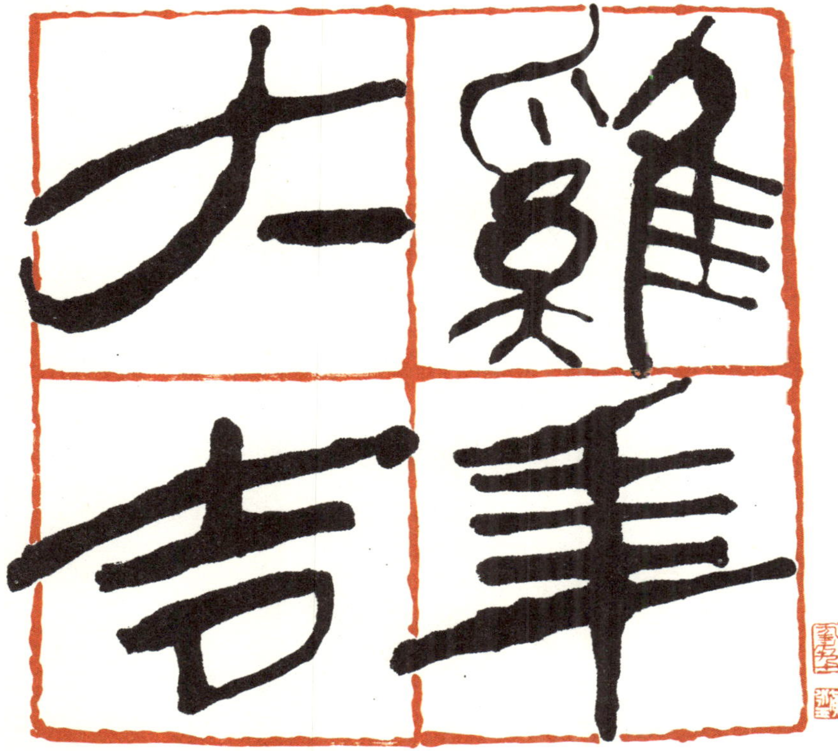
雞年大吉

苗族老哥赶集。

二八四

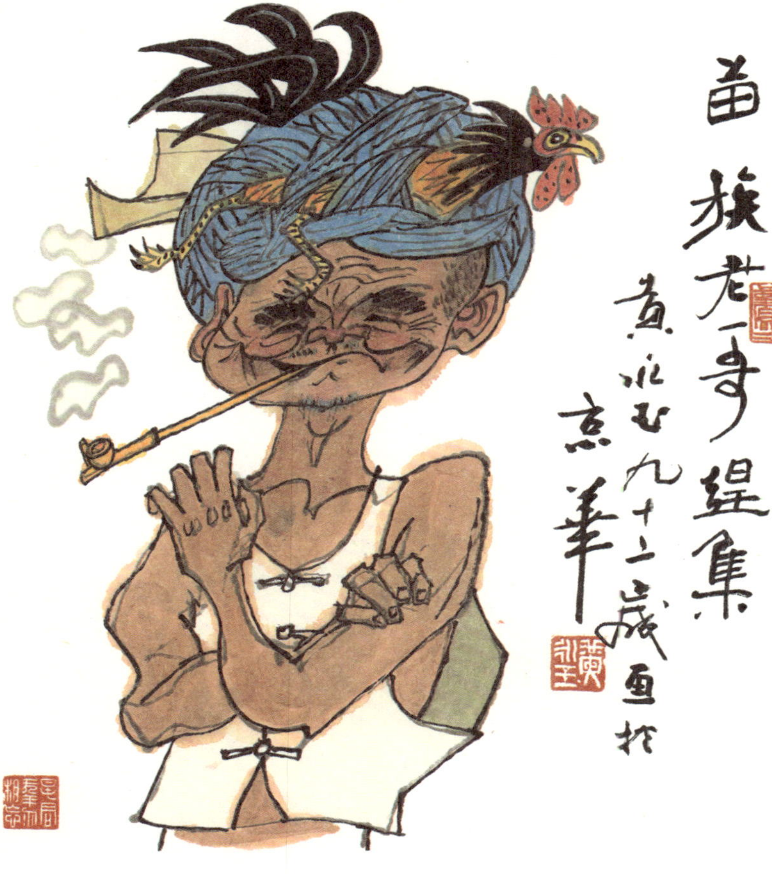
苗族老寿缇集
黄永玉九十二岁画于
京华

人贵有自知之明，
你下什么蛋呢？

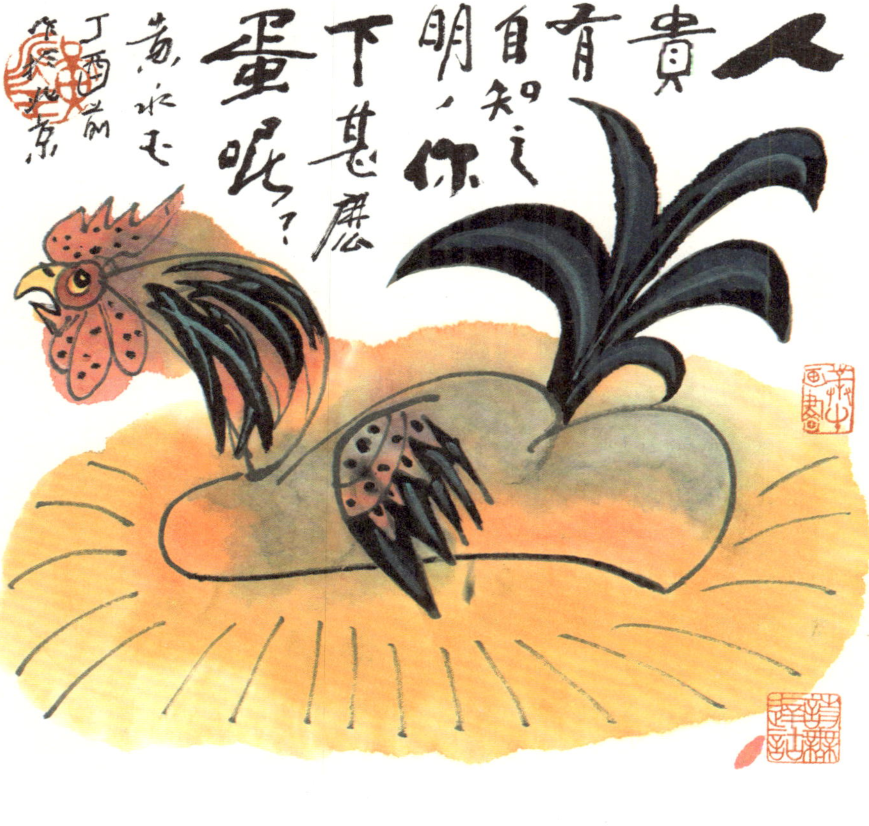

人貴有自知之明，你下甚麽蛋呢？？
黄永玉
丁酉前作於北京

鸡连长

我们湘西有一师子弟兵八千余人参加了抗日的嘉善战线保卫战，全部壮烈牺牲，死剩百余人，部队番号为一二八师，师长顾家齐，我的三表叔亦在其内，世伯戴季韬为副师长。一二八师一九三二、三三年在湖南辰溪举办乡村暑期教师艺术训练班，邀家父主执其事，余随往焉。见师部厨房有此芦花大鸡，凶恶非凡，逐狗啄猪，守卫负责与枪兵无异，一九三七年春复于安徽宁国一二八师师部厨房见之，悍猛如昔，体重当在三十余斤左右。翌年，战起于嘉善，厨师十余共同捐躯于沙场，该鸡孰能免乎，故余于前数年为其塑铜像于陵园中，顾伯于辰溪呼其为排长，宁国则连长矣，故以连长称之。

注：据《嘉善抗战阵亡将士纪念碑》，一二八师全师7000余人，多为湘西各族子弟。嘉善激战后，仅剩不到3000余人。牺牲的凤凰县的有姓名可考的为171人。

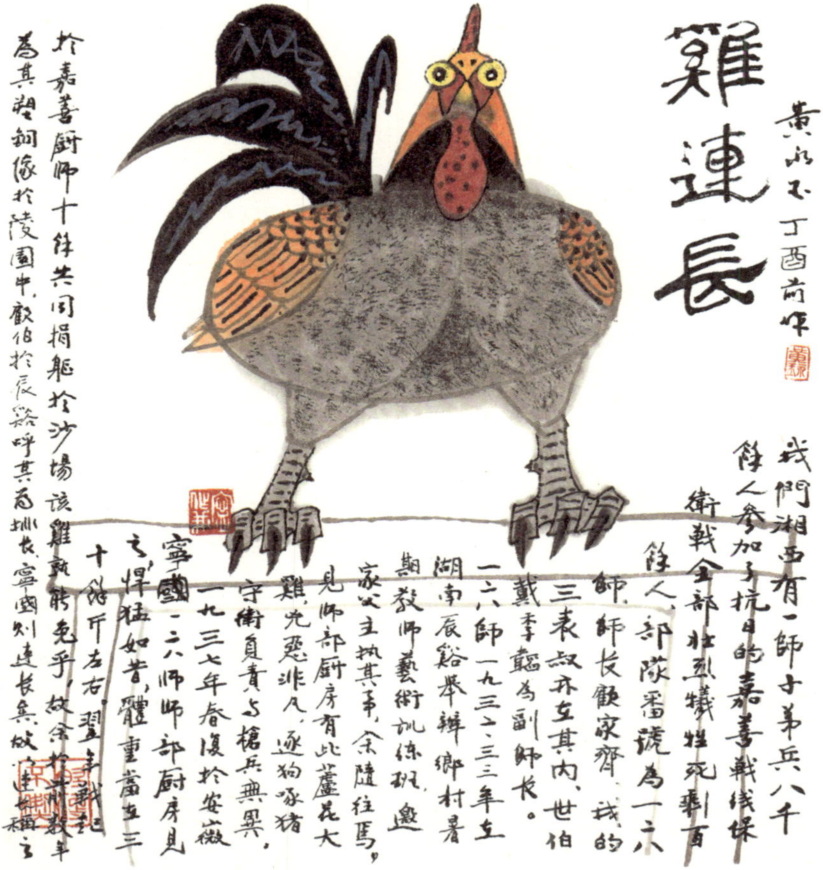
雞連長
黃永玉 丁酉前作
我們湘西有一師子弟兵八千餘人參加了抗日的嘉善戰役保衛戰全部壯烈犧牲死剩百餘人，部隊番號為一二八師，師長顧家齊，我的三表叔亦在其內，世伯戴季韜為副師長。
一二八師一九三二、三三年在湖南辰谿舉辦鄉村暑期教師藝術訓練班，邀家父主執其事，余隨往焉，見師部廚房有此蘆花大雞，兇惡非凡，逐狗啄猪守衛負責與槍兵無異。一九三七年春復於安徽寧國一二八師師部廚房見之，悍猛如昔，體重當在三十餘斤左右。翌年戰起於嘉善廚師十餘共同捐軀於沙場，該雞亦能免乎，故余於卅數年為其塑銅像於陵園中，戲伯於辰谿呼其為排長，寧國則連長矣，故連長稱之

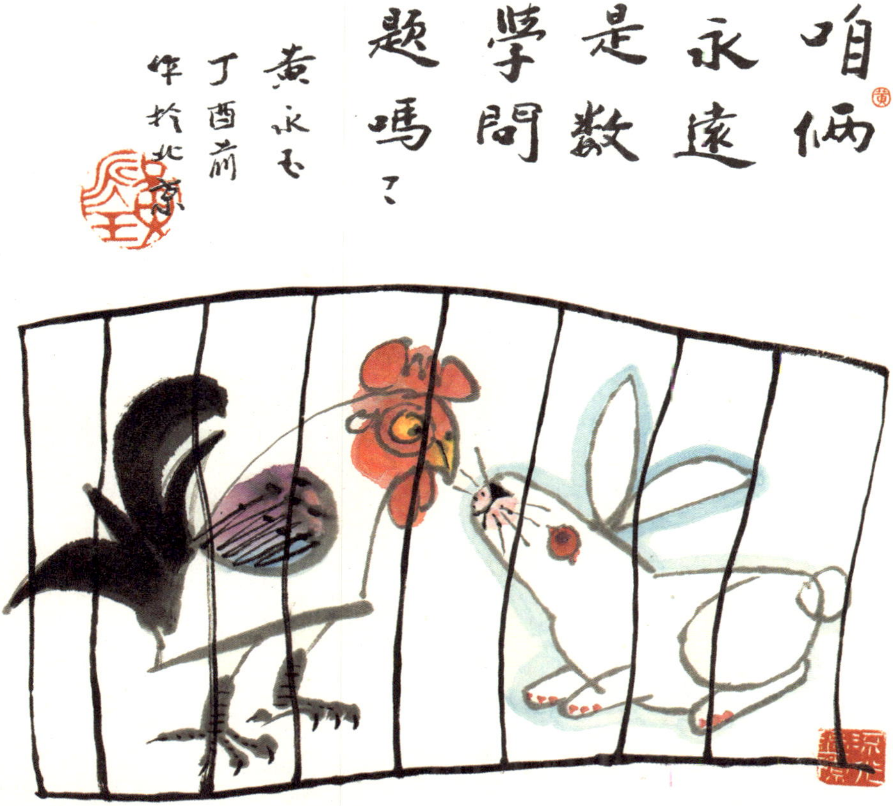
咱俩永远是数学问题吗
黄永玉
丁酉前
作於北京

垒卵之戏

怎么弄来那么多蛋？谁帮你垒得那么高？这些人到哪里去了？你有没有考虑下一步怎么办？有没有想到它的下场？你认为它是你的财富吗？你怎么收拾这个烂摊子？你累吗？后悔吗？或者，你仍然觉得它很有趣？好玩？

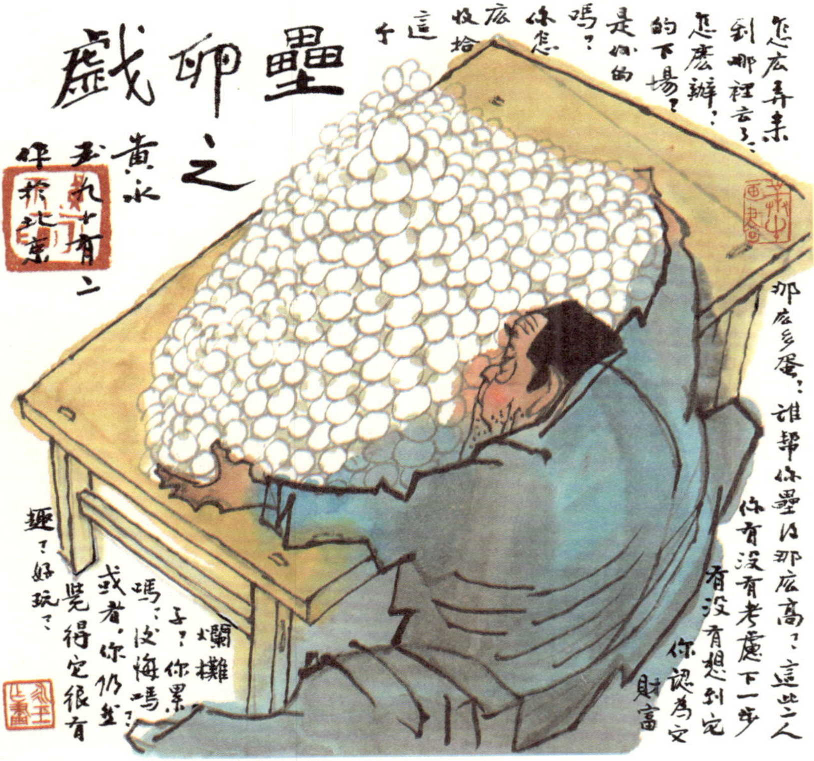
疊卵之戲
黃永玉九十有二作於北京
那麼多蛋，誰幫你疊得那麼高，這些人
你有沒有考慮下一步
有沒有想到它
你認為它
財富
怎麼弄來
到哪裡去？
怎麼辦？
的下場？
是你的
嗎？
你怎
麼
收拾
這
个
爛攤
子？你累
嗎？後悔嗎？
或者，你仍然
覺得它很有
趣，好玩。

生个蛋犯得上这么
大喊大叫嘛！

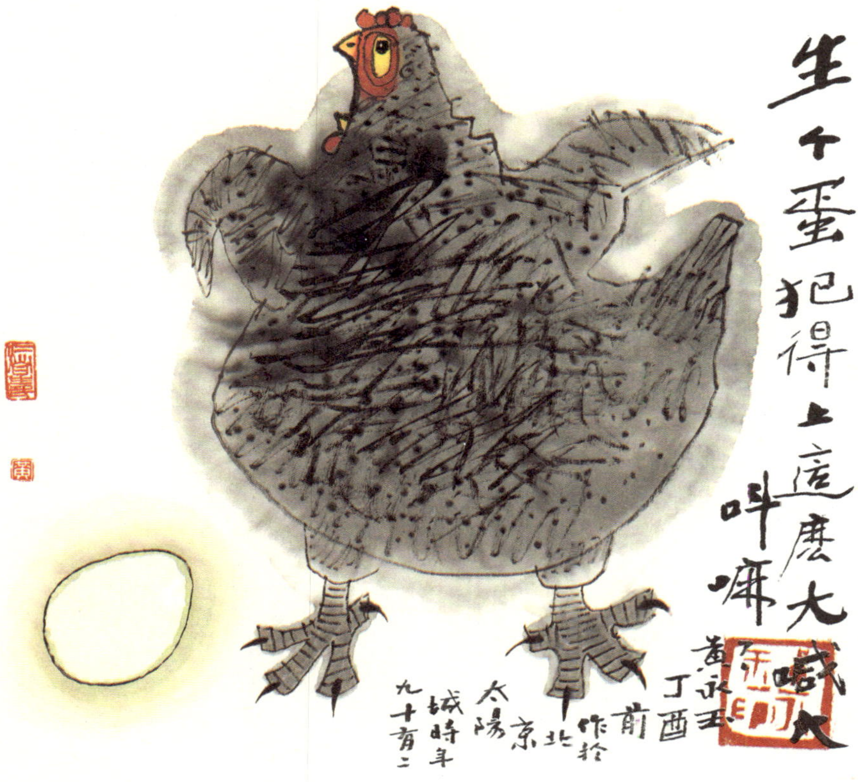
生个蛋犯得上這麽大喊大
叫嘛
黄永玉
丁酉前作於北京太陽城時年九十有二

最美鸟

你有没有想过？身边的公鸡属于世上最漂亮鸟类的前列？看惯了，不稀罕了，总一味之往远处企盼。再回过头来看看你的父母、兄弟姐妹、妻子、儿女、同学、朋友，他们常在你的眼前来回晃动，不稀罕了，看惯了，他们是你忽略了的美丽的公鸡，你都等闲了！

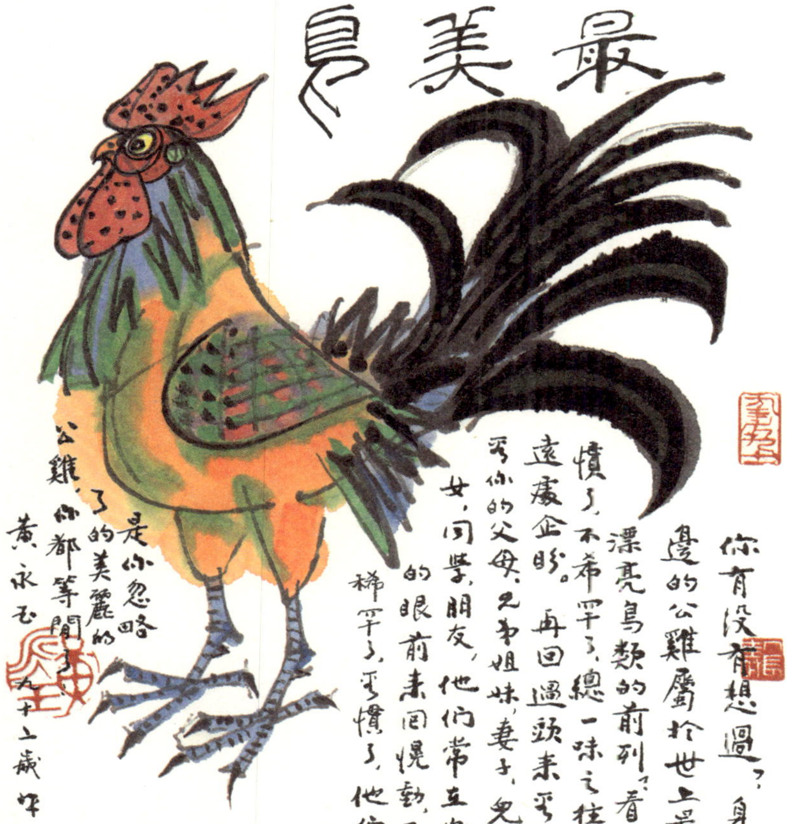
最美鳥
你有沒有想過？身邊的公雞屬於世上最漂亮鳥類的前列？看慣了，不希罕了，總一味之往遠處企盼。再回過頭來看看你的父母、兄弟姐妹、妻子、兒女，同學，朋友，他們常在你的眼前來回晃動，不稀罕了，看慣了，他們是你忽略了的美麗的公雞，你都等閒了
黃永玉
九十二歲作

人山人海，都是接儿孙放学的爷爷奶奶、爸爸妈妈。

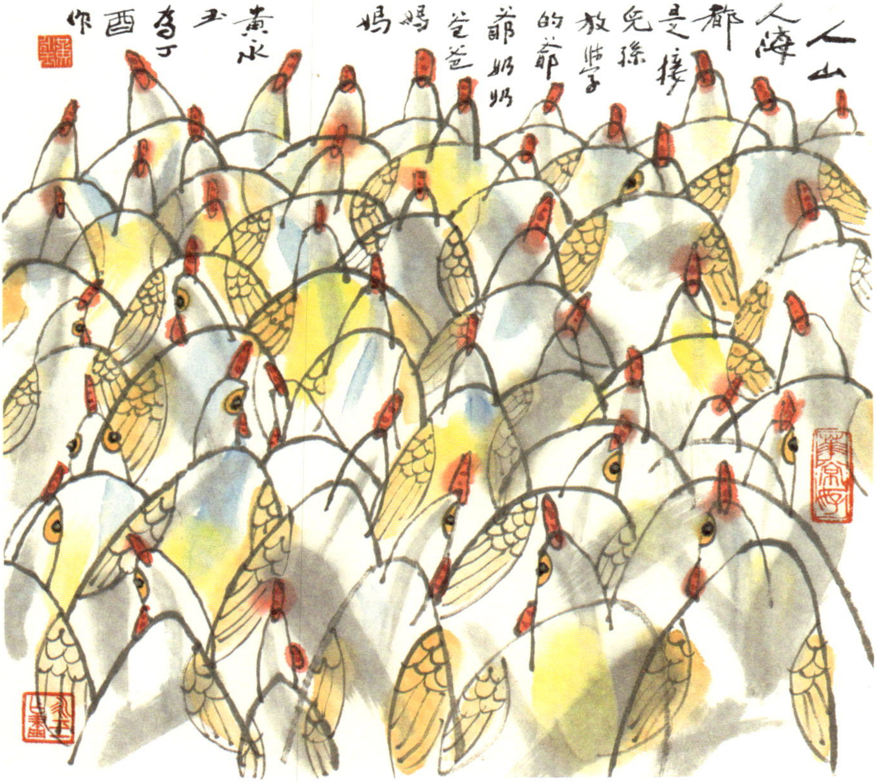
人山人海都是接兒孫放學的爺爺奶奶爸爸媽媽
黃永玉為丁酉作

送喜蛋

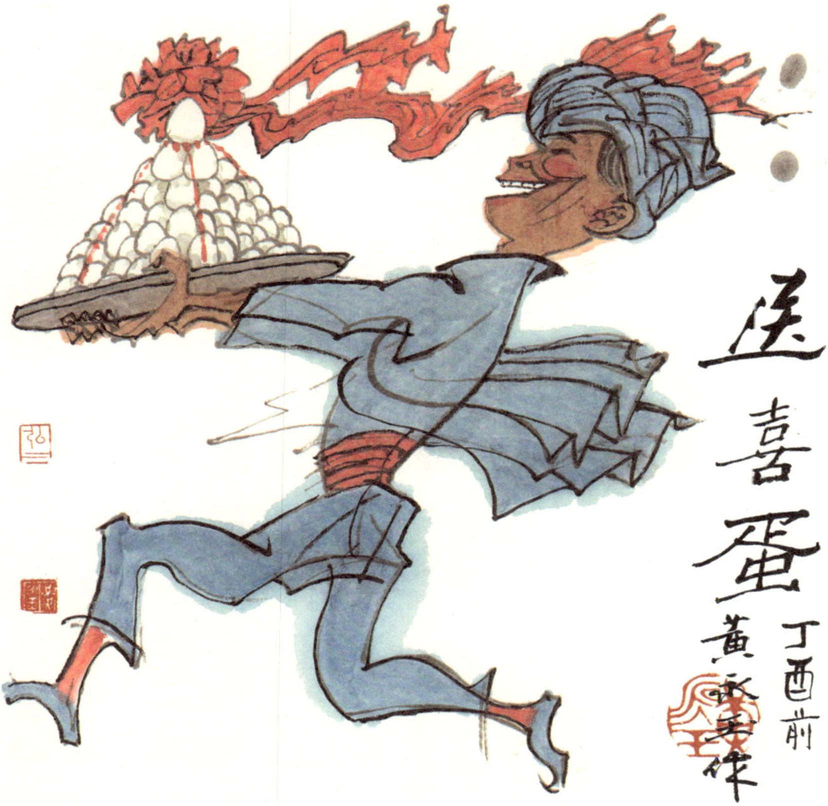
送喜蛋
丁酉前
黄永玉作

牝鸡司晨在今天的世界
已很普通。

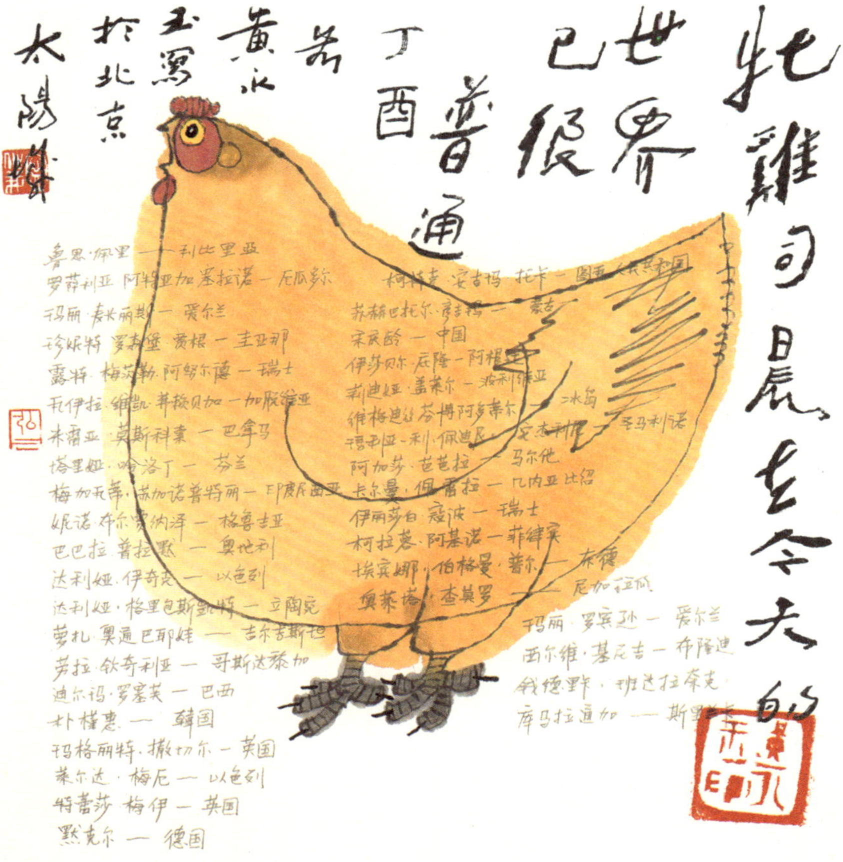

牝雞司晨去今天的
世界已很普通
丁酉
黄永玉寫於北京
太陽城
鲁思·佩里 —— 利比里亚
罗莎利亚·阿特亚加·塞拉诺 — 厄瓜多尔
玛丽·麦卡利斯 — 爱尔兰
珍妮特·罗森堡·贾根 — 圭亚那
露特·梅茨勒·阿诺尔德 — 瑞士
瓦伊拉·维凯·弗赖贝加 — 加脱维亚
米雷亚·莫斯科索 — 巴拿马
塔里娅·哈洛宁 — 芬兰
梅加瓦蒂·苏加诺普特丽 — 印度尼西亚
妮诺·布尔贾纳泽 — 格鲁吉亚
巴巴拉·普拉默 — 奥地利
达利娅·伊奇克 — 以色列
达利娅·格里包斯凯特 — 立陶宛
萝扎·奥通巴耶娃 — 吉尔吉斯坦
劳拉·钦奇利亚 — 哥斯达黎加
迪尔玛·罗塞芙 — 巴西
朴槿惠 — 韓国
玛格丽特·撒切尔 — 英国
莱尔达·梅厄 — 以色列
特蕾莎·梅伊 — 英国
默克尔 — 德国
柯林达·安吉玛·托卡 — 图瓦人民共和国
苏赫巴托尔·彦吉玛 — 蒙古
宋庆龄 — 中国
伊莎贝尔·庇隆 — 阿根廷
莉迪娅·盖莱尔 — 玻利维亚
维格迪丝·芬博阿多蒂尔 — 冰岛
玛丽亚·利·佩迪尼·安杰利尼 — 圣马利诺
阿加莎·芭芭拉 — 马尔他
卡尔曼·佩雷拉 — 几内亚比绍
伊丽莎白·寇波 — 瑞士
柯拉葵·阿基诺 — 菲律宾
埃宾娜·伯格曼·蕾尔 — 东德
奥莱塔·查莫罗 — 尼加拉瓜
玛丽·罗宾逊 — 爱尔兰
西尔维·基尼吉 — 布隆迪
钱德里卡·班达拉奈克
库马拉通加 —— 斯里

鸡同鸭讲，有时误会不是内容而是表达方式。

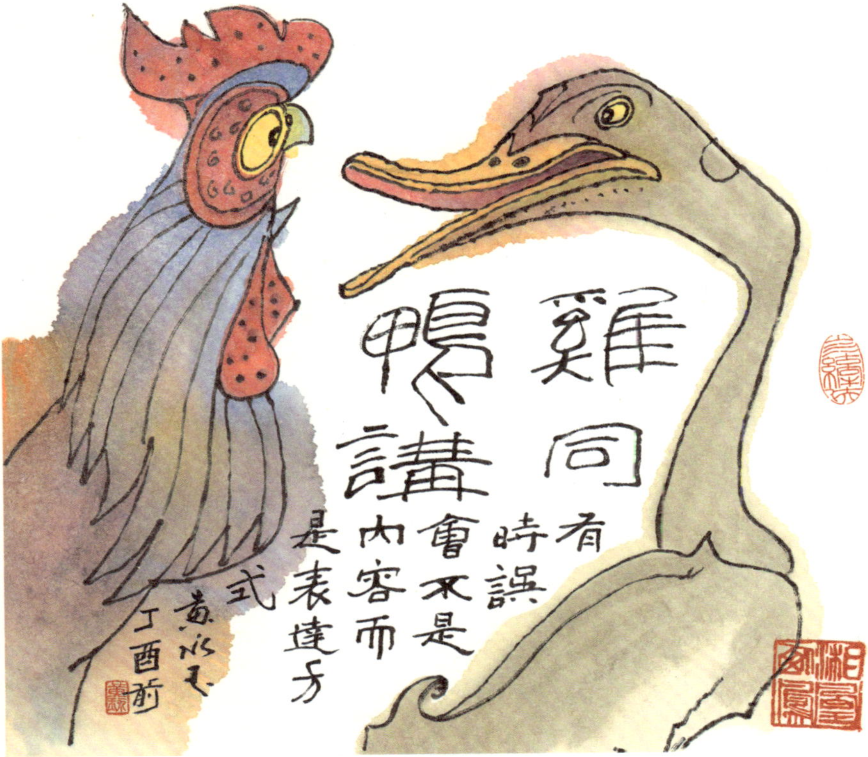
雞同鴨講
有時誤會不是內容而是表達方式
黃永玉
丁酉前

其乐无穷乎？

我从小就不怎么喜欢看鸡打架。

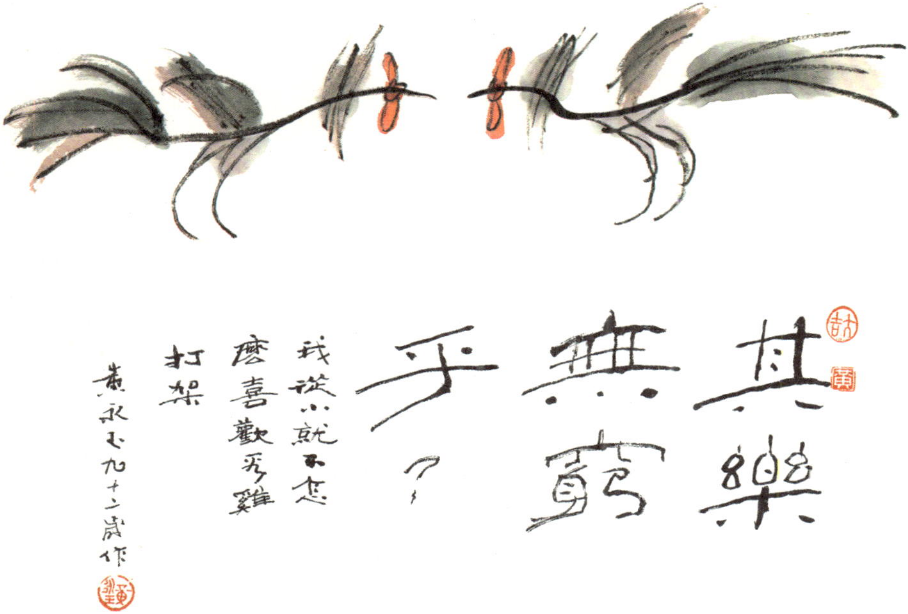
其樂無窮乎？
我從小就不怎麼喜歡看雞打架
黃永玉九十二歲作

鸡王镇宅、

四季平安

黄永玉作于凤凰·一九七九（蜡染）

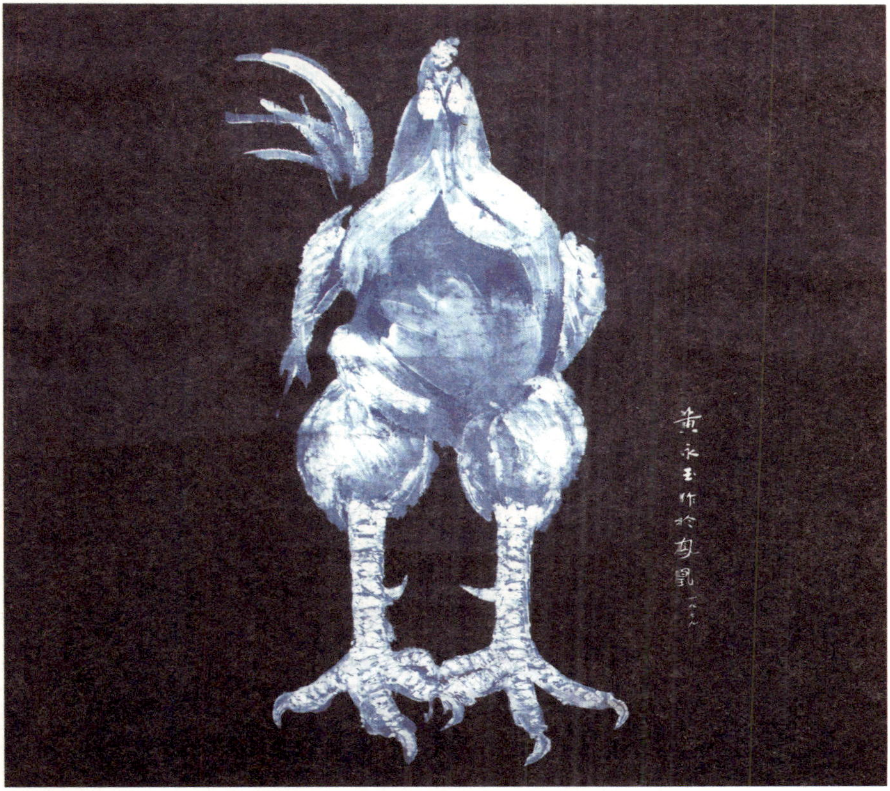
黄永玉作於鳳凰

戌狗

生肖·狗　　黄永玉作　丙戌 2006 年

狗和人，
你講句公
道話，誰
真誠？

黃永玉書於狗年

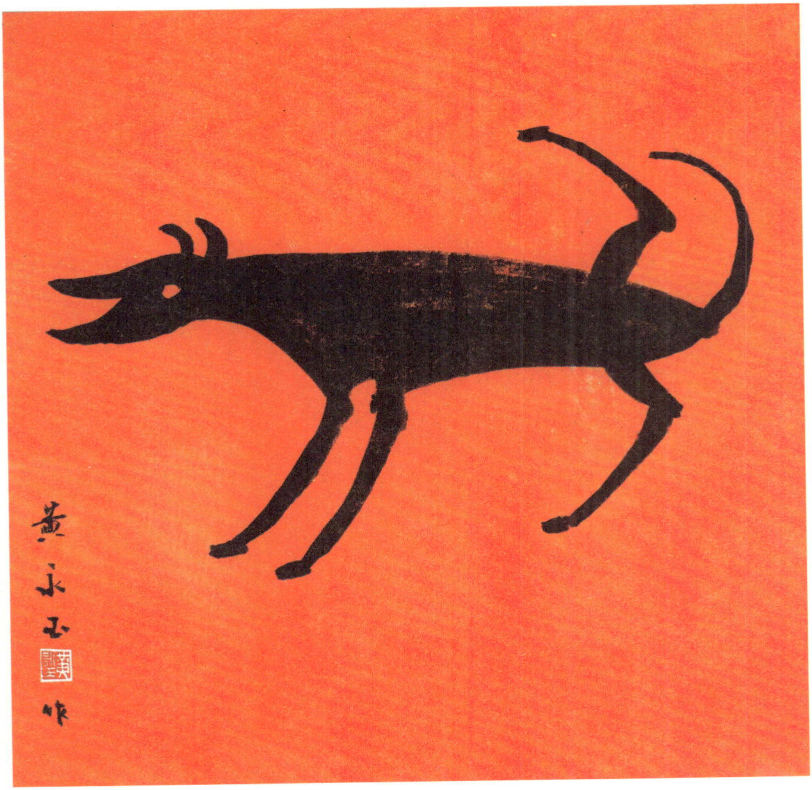
黄永玉作

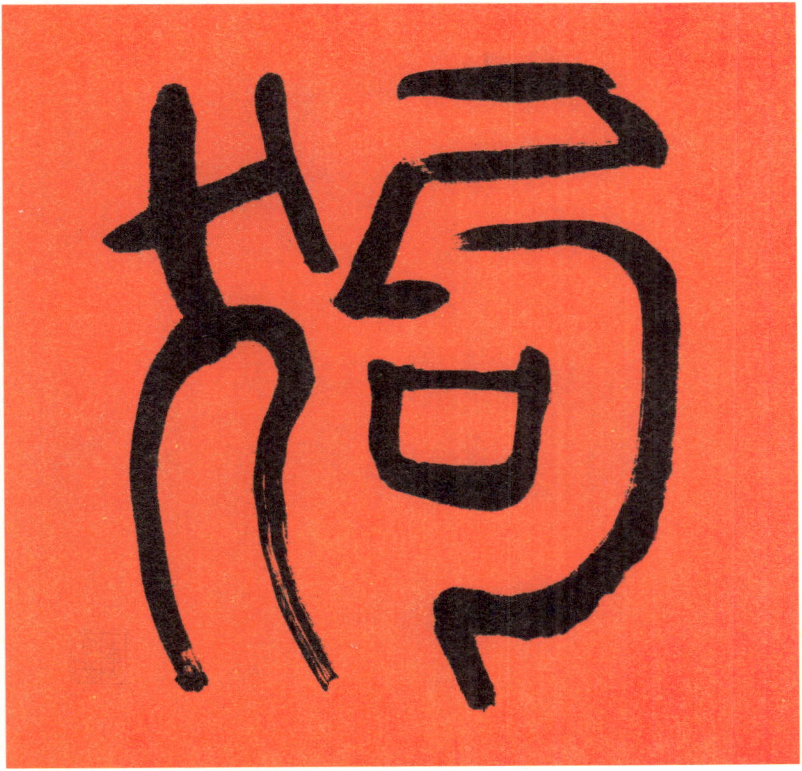

嫁狗随狗

听说狗年结婚，大吉大利，请密切注意！

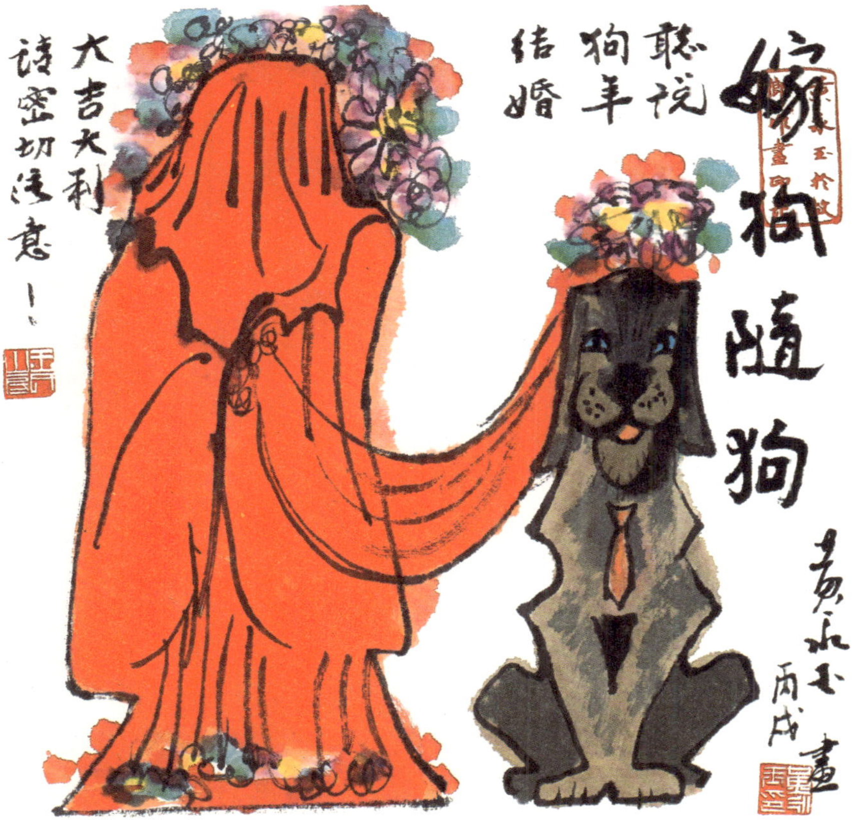
嫁狗隨狗
聽说狗年结婚
大吉大利
請密切注意！
黄永玉丙戌畫

狗嘴里长不出象牙。

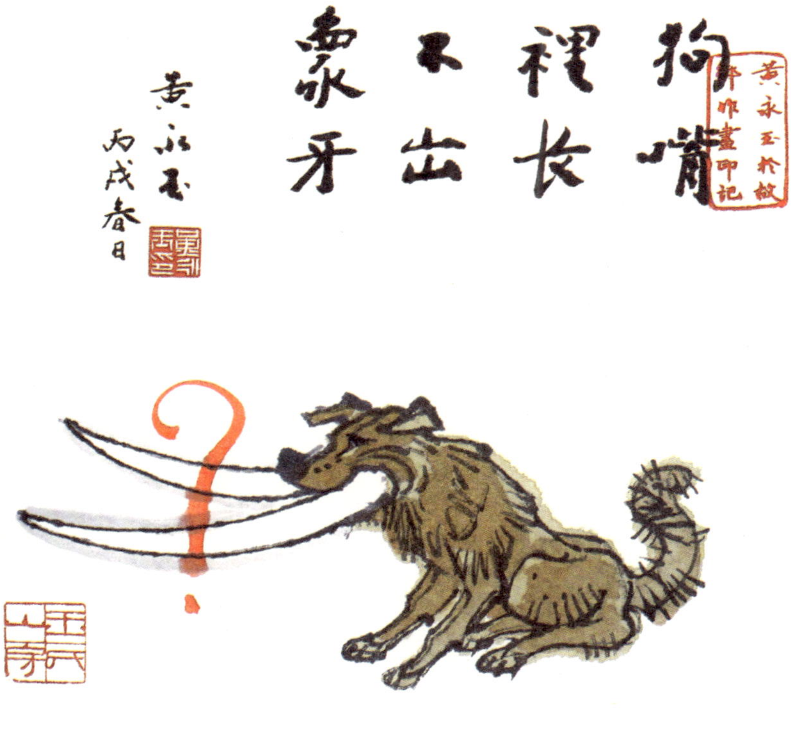

狗嘴裡长不出象牙
黄永玉
丙戌春日

画虎不成反类犬。

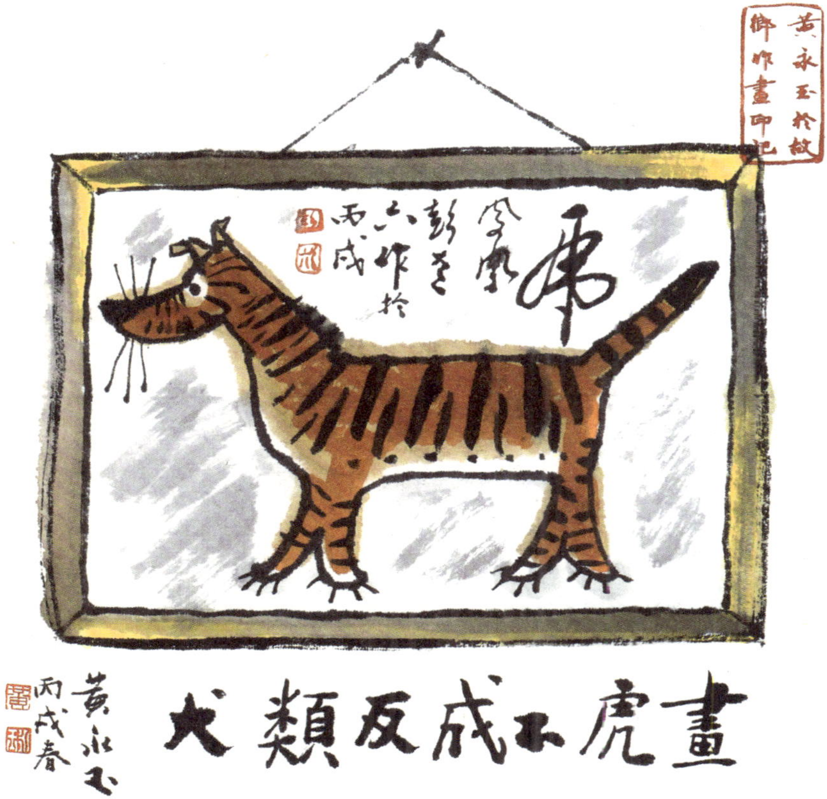

畫虎不成反類犬
黃永玉
丙戌春

狗咬吕洞宾，
不识好人心。

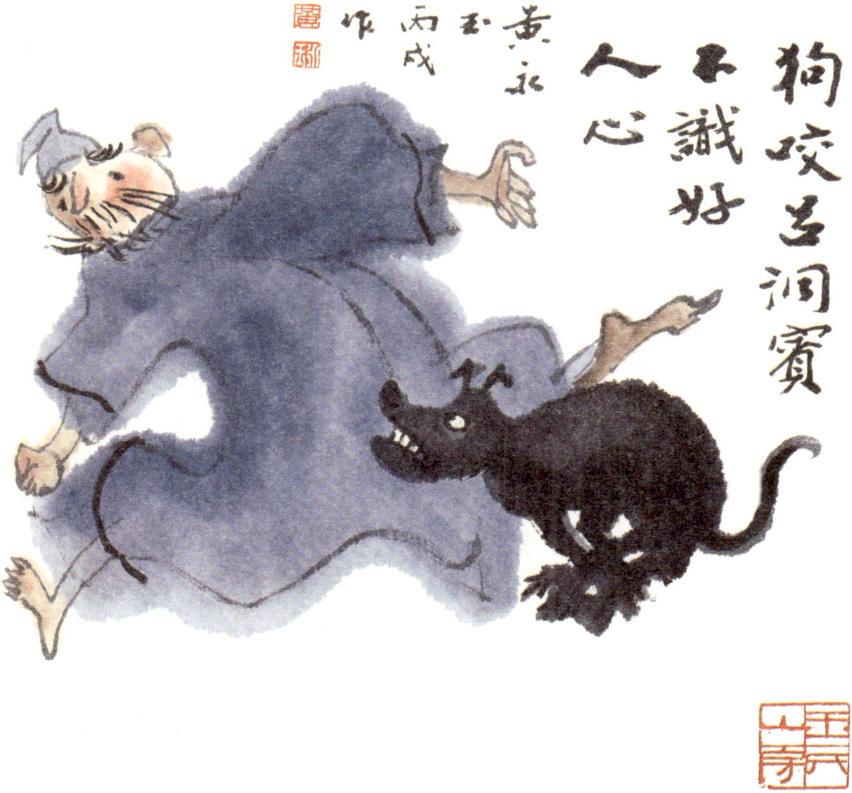
狗咬呂洞賓
不識好人心
黄永玉
丙戌
作

问君能有几多愁，
恰似一江春水向东流。

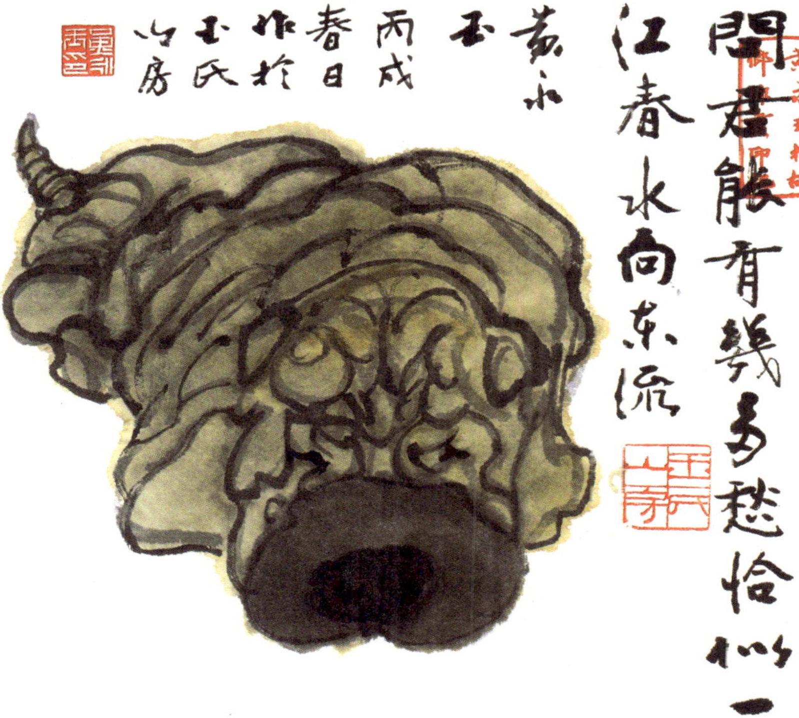
問君能有幾多愁恰似一江春水向東流
黃永玉
丙戌春日作於玉氏山房

咬人的狗不叫。

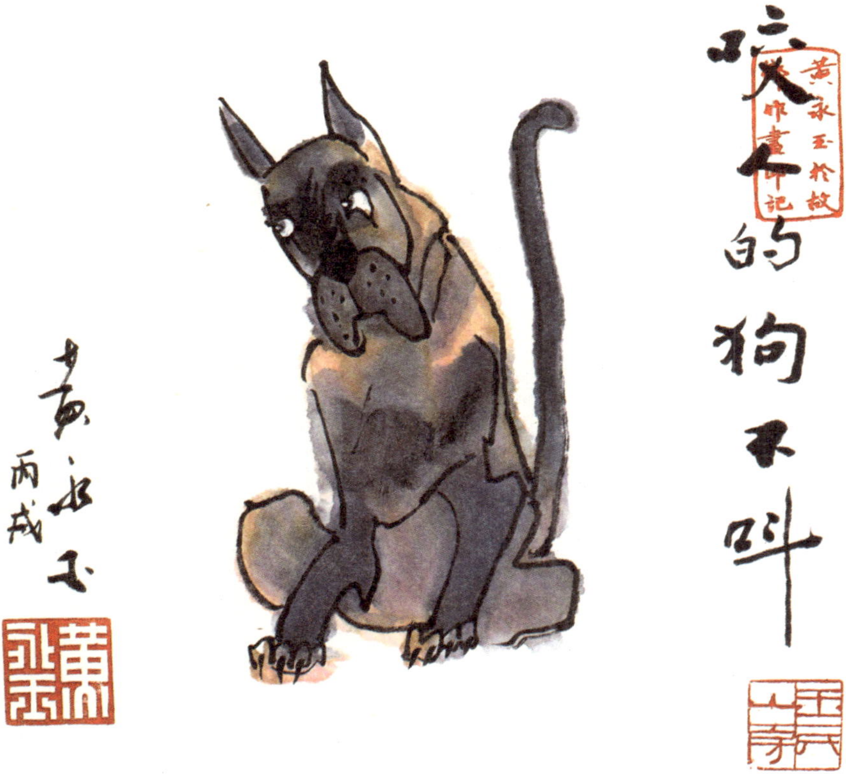
咬人的狗不叫
黄永玉
丙戌

印象派画家莫奈说：不希望自己的儿子成为画家，以免丧家犬似的穷困。

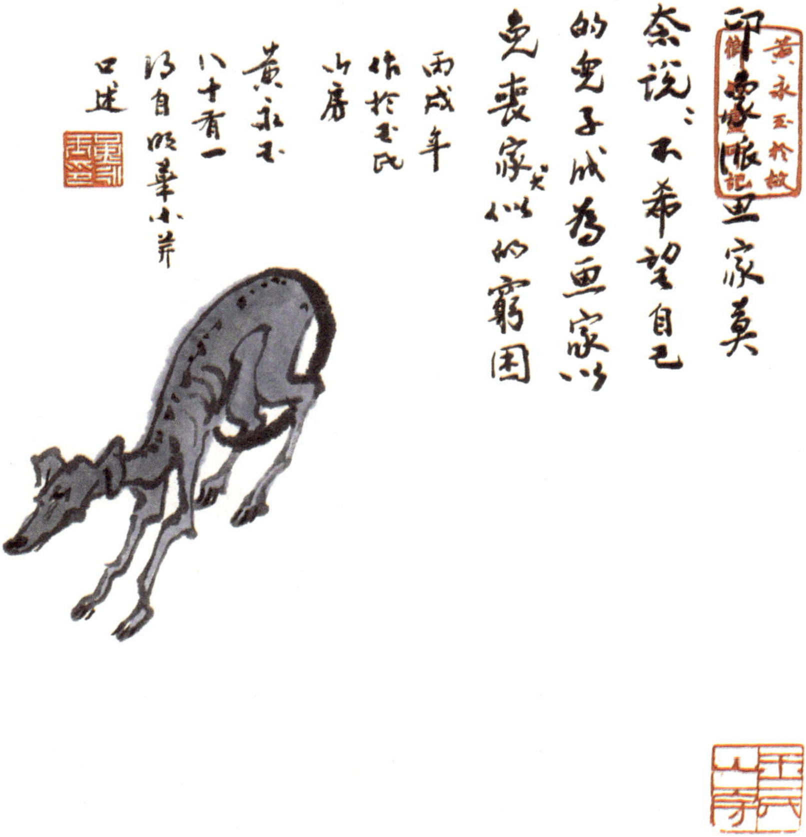
印象派画家莫
奈说：不希望自己
的儿子成为画家，以
免丧家犬似的穷困
丙戌年
作於玉氏
山房
黄永玉
八十有一

狗咬耗子，
多管闲事！

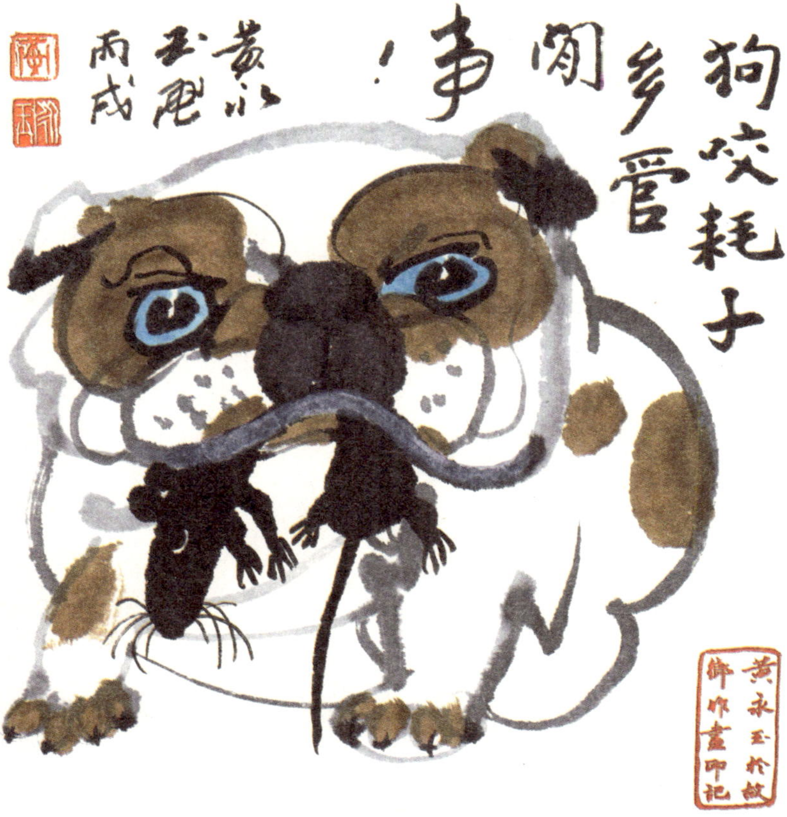
狗咬耗子
多管閒事！
黄永玉
丙戌
黄永玉於故鄉作畫印記

肉包子打狗，有去无回。

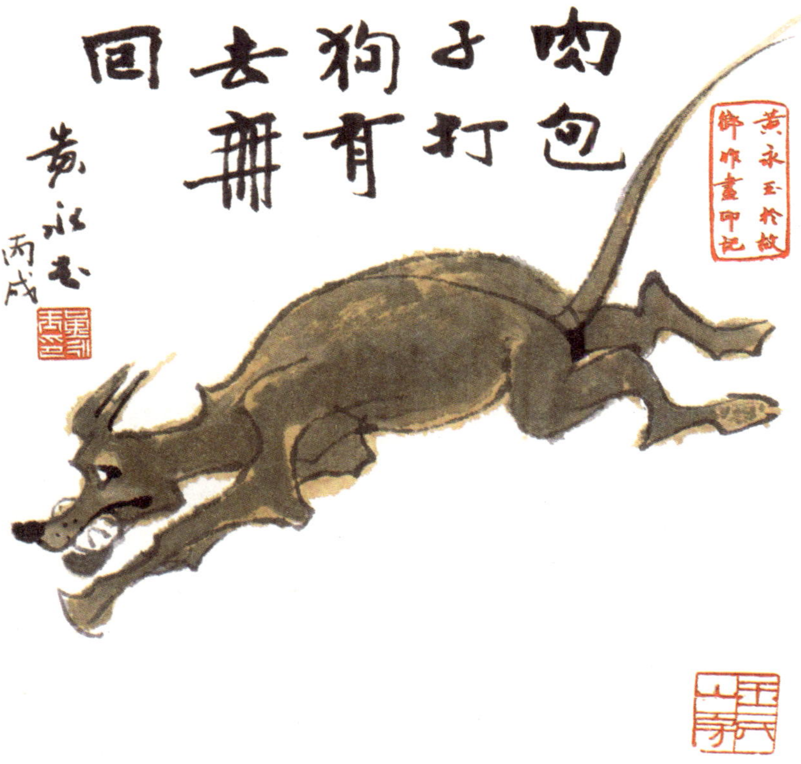
肉包子打狗有去無回
黄永玉
丙戌
黄永玉於故鄉作畫印記

好狗不挡道。

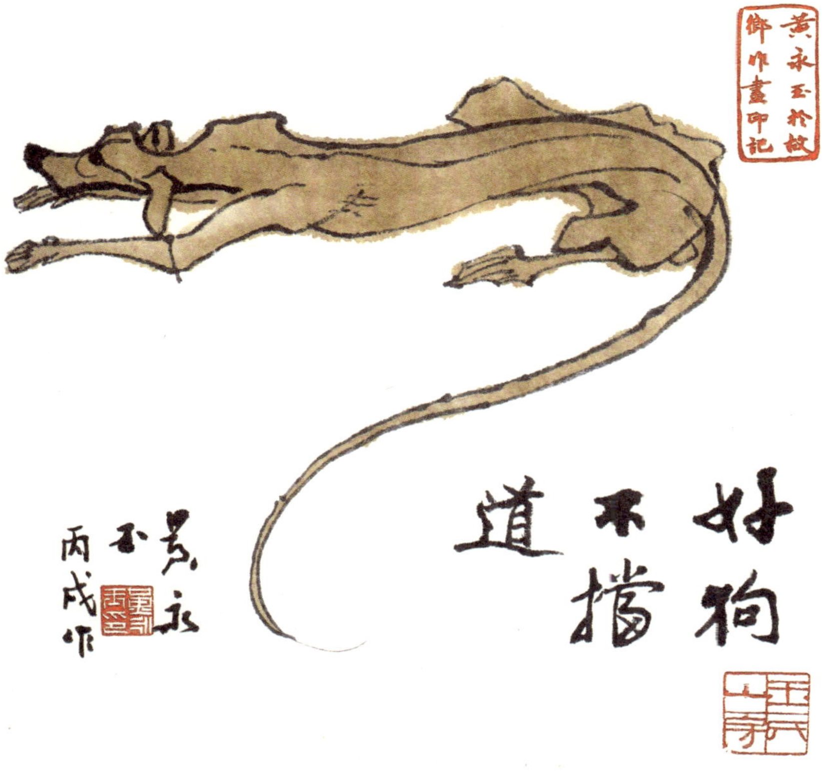
黄永玉於故鄉作畫印記
好狗不擋道
黄永玉
丙戌作

狗眼看人低。

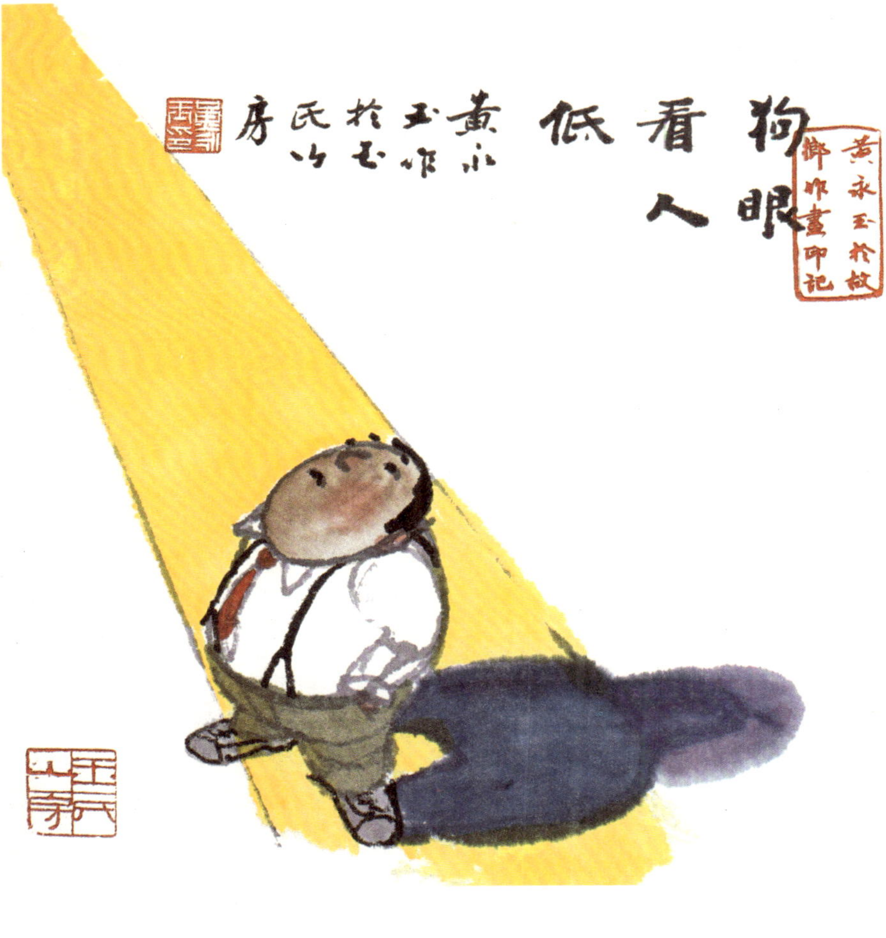
狗眼看人低
黄永玉作於玉氏山房
黄永玉於故鄉作畫印記

狗不嫌家贫。

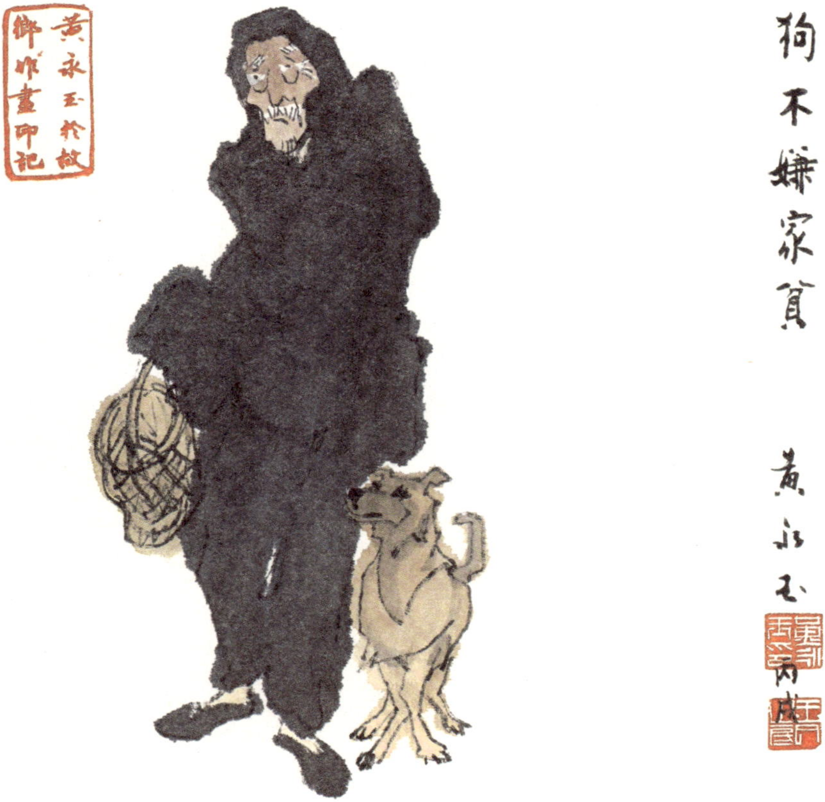
狗不嫌家貧
黄永玉
黄永玉於故鄉作畫印記

亥猪

生肖·猪　　黄永玉作　丙戌 2006 年

蹈雪，豝（读巴）两岁左右的大母猪；豭（读家）公猪；豨（读希）即猪的老祖宗，野猪；还有一个"豴"字，字典查不出来，有待高明。你看，多有意思！

黄永玉 於玉氏山房

二〇〇六年十二月。

關於猪的介紹

當人類發現狩獵之危險而進行飼養牲畜時，該是從猪開始的。猪肉味道鮮嫩純正，肉多，脂肪豐富，繁殖力強，這就難為了野猪了。牲畜中，有文字以來，猪的品類最多，也最細緻，足見牠和人類的關係是如何之密切。「爾雅」有云：豼（讀「丕」）猪的泛稱；豴（小閹猪，讀「為」），豶（讀「焚」）閹過的大猪；豱（讀「溫」）肚子、頭、腳、都短，毛色赤黑的猪；豟，五尺長的大猪，（讀「歐」）；豵（讀「宗」）泛指小猪，約六、个月到一歲大；豥（讀「該」）四蹄皆白的猪，所謂的四蹄

丁亥年

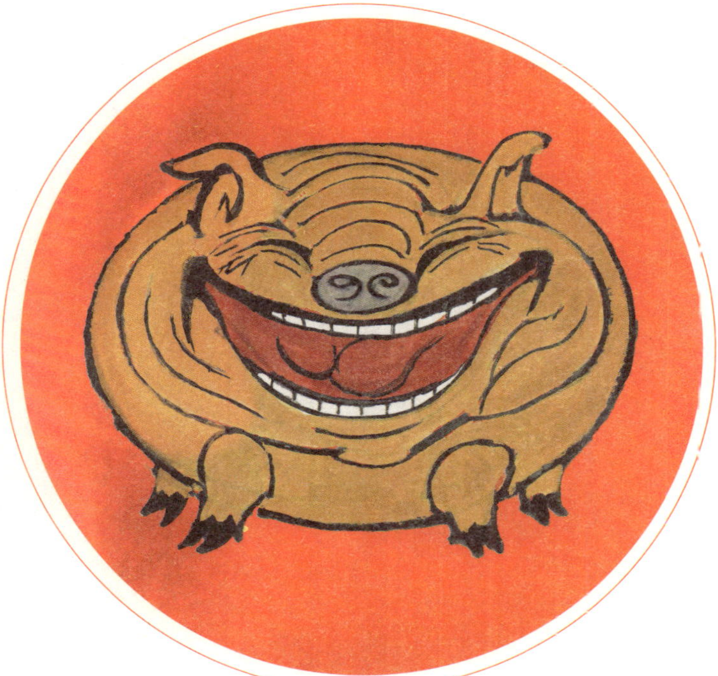

2007

猪鼻子插葱，
装象。

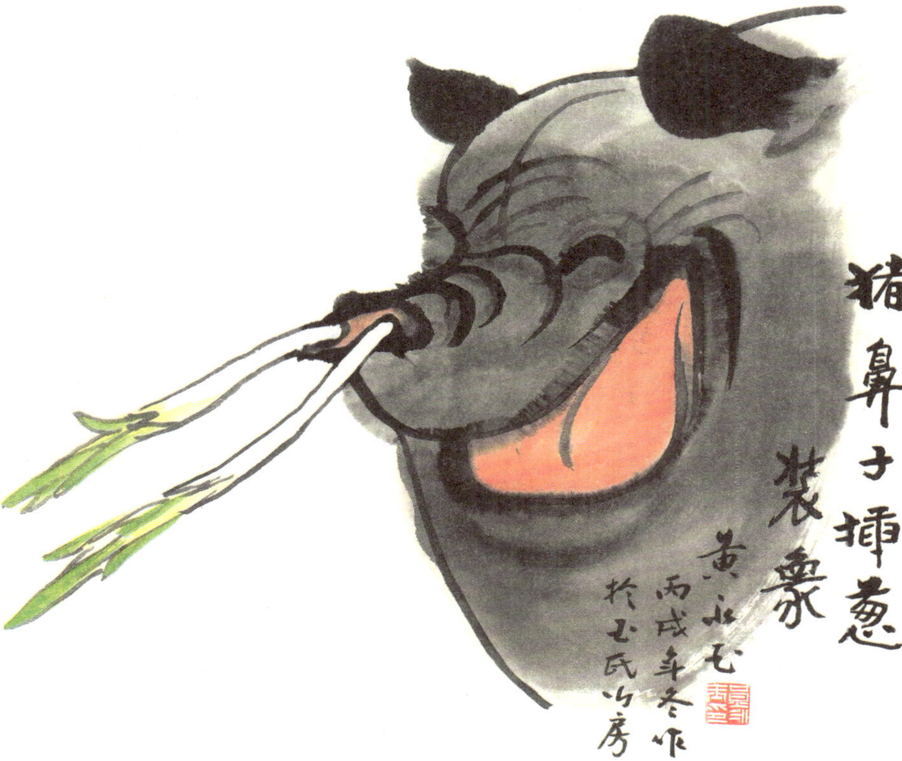
猪鼻子插葱
装象
黄永玉
丙戌年冬作
於玉氏山房

悟能平生最怕悟空，一下苍蝇，一下蜜蜂，弄得防不胜防。

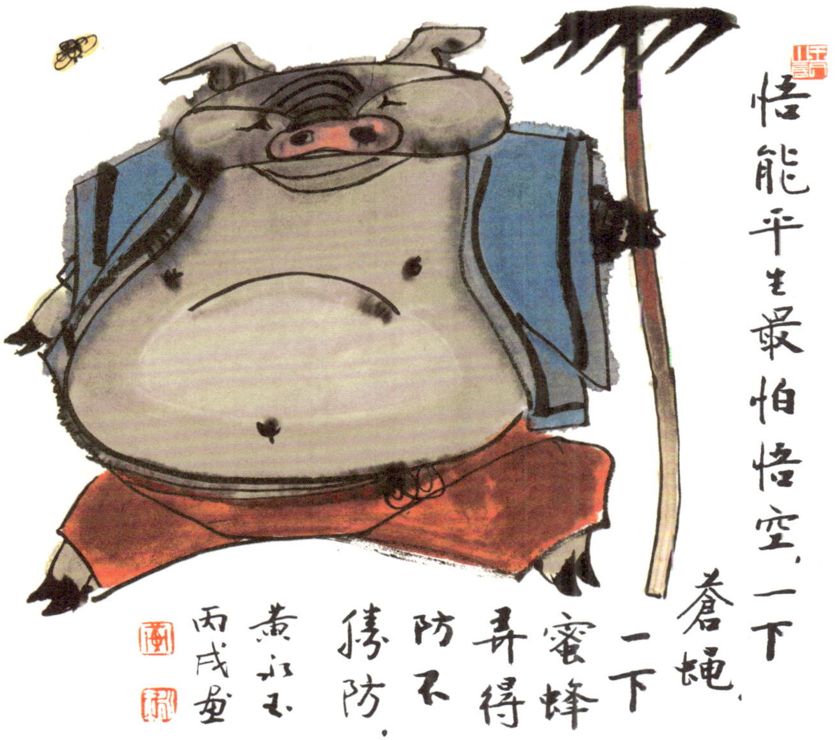
悟能平生最怕悟空、一下蒼蠅、一下蜜蜂弄得防不勝防。
黃永玉
丙戌畫

你不肥我就打，你打我就不肥。

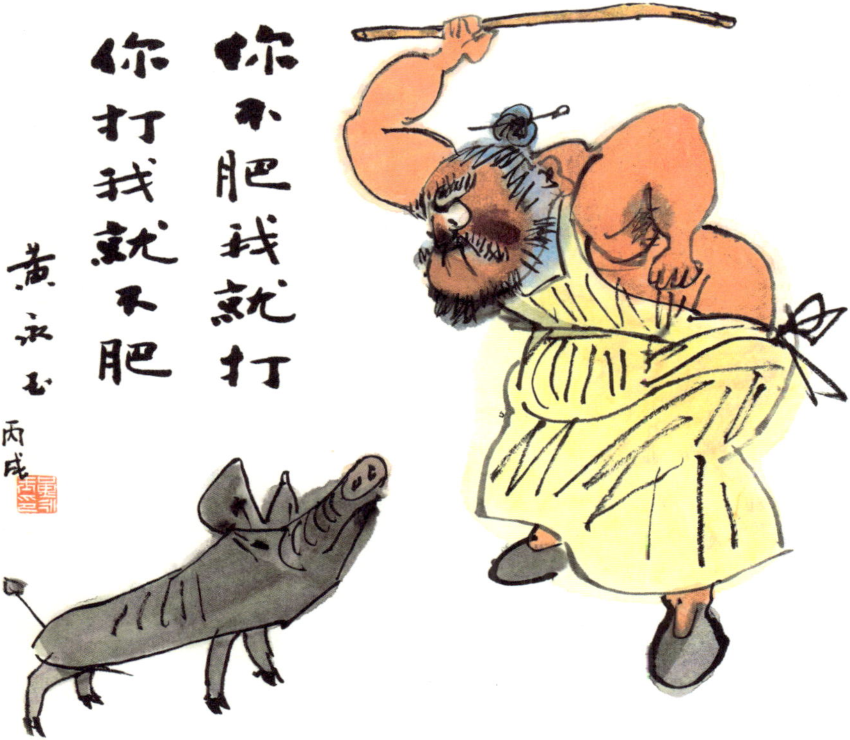
你不肥我就打
你打我就不肥
黄永玉
丙戌

猪卖爱情，人收钱。

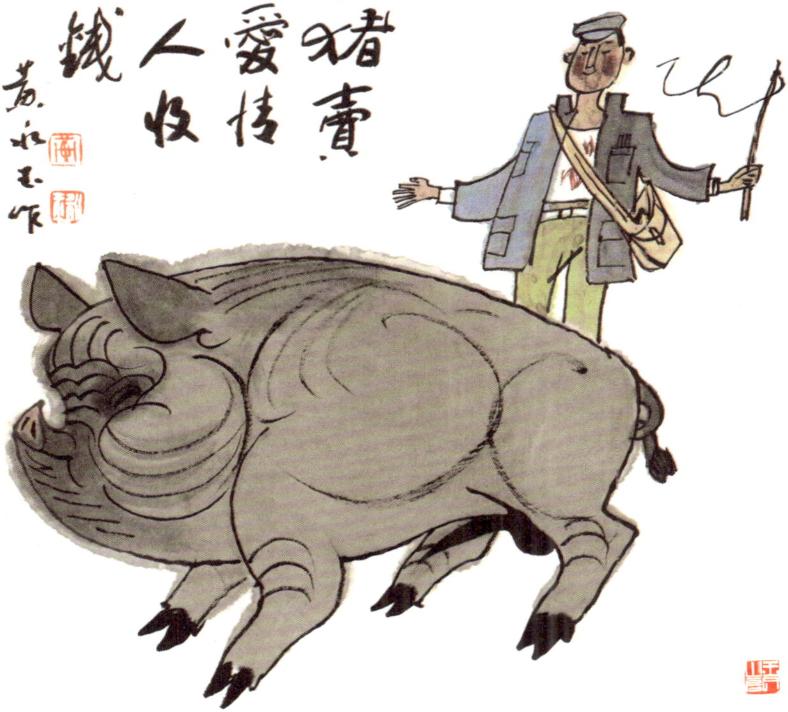
猪賣爱情人收錢
黄永玉作

要背就背个摩登的。

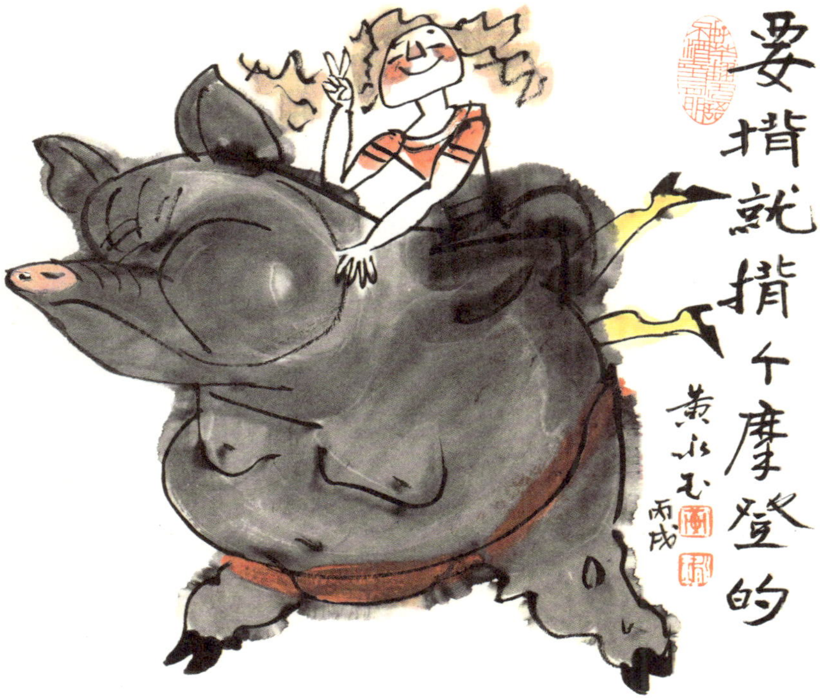
要揹就揹个摩登的
黄永玉
丙戌

牛猪

『大跃进』时，报载北京西郊某科研单位培养出一动物新品种，系猪牛杂交而成，取名牛猪，身大如牛，外貌似猪，满山乱跑，不用喂饲，终日以青草为主食，性情活泼善良，适于大量繁殖推广，可惜这消息之后没有下文。遗憾！遗憾！

牛猪

大躍進時報載北京西郊某科研單位培養出一動物新品種係猪牛雜交而成取名牛猪身大如牛外貌似猪滿山乱跑不用餵飼終日以青草為主食性情活潑善良適于大量繁殖推廣可惜這消息之後没有下文遺憾

遺憾

黄永玉 丙戌

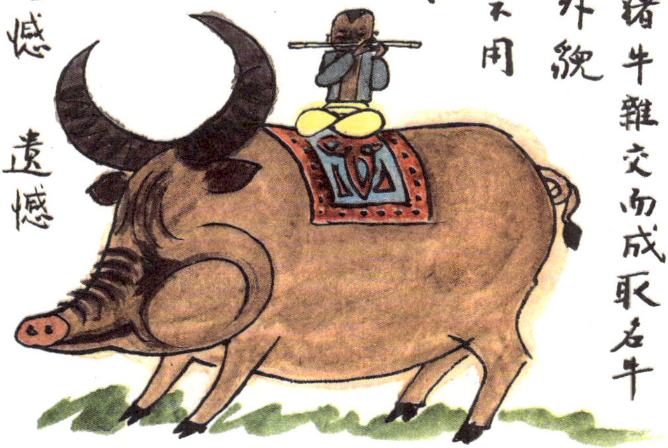

孔子困于陈蔡，捡到什么吃什么，
也就顾不上礼不礼了。

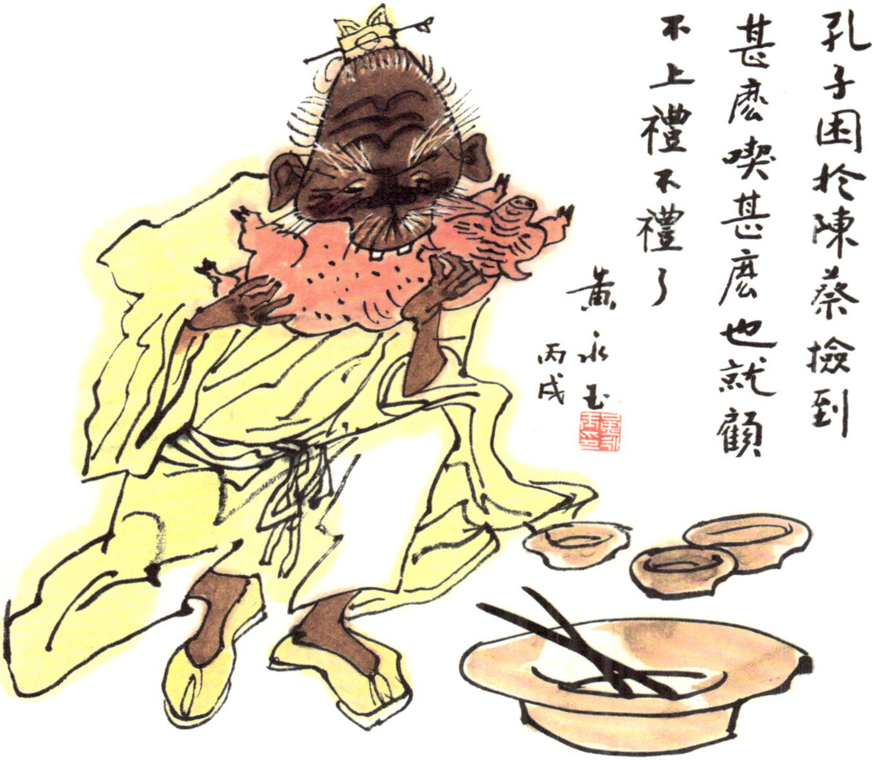

孔子困於陳蔡撿到
甚麼喫甚麼也就顧
不上禮不禮了
黃永玉
丙戌

超生大户

三六四

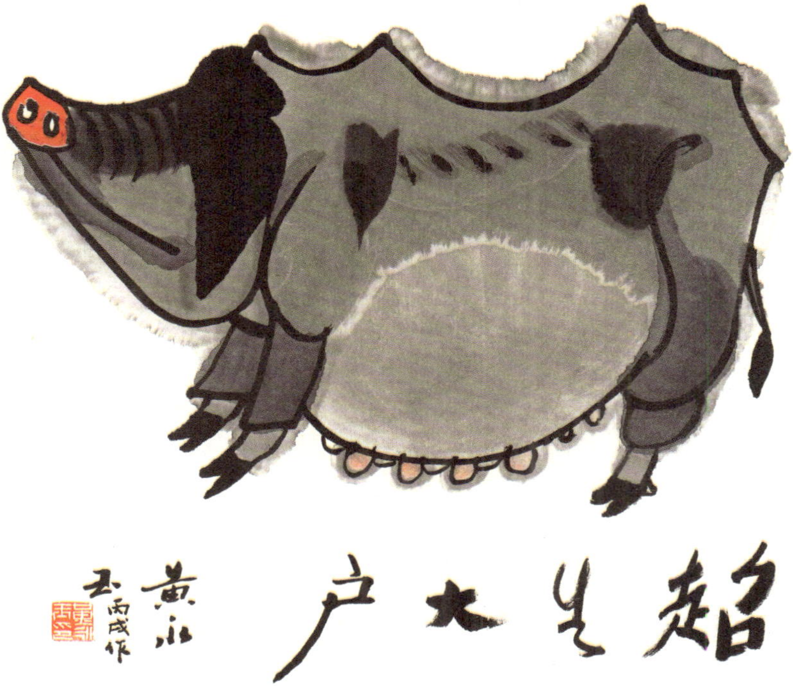
超生大户
黄永玉丙戌作

猪也算猪，要看谁有胆子吃。

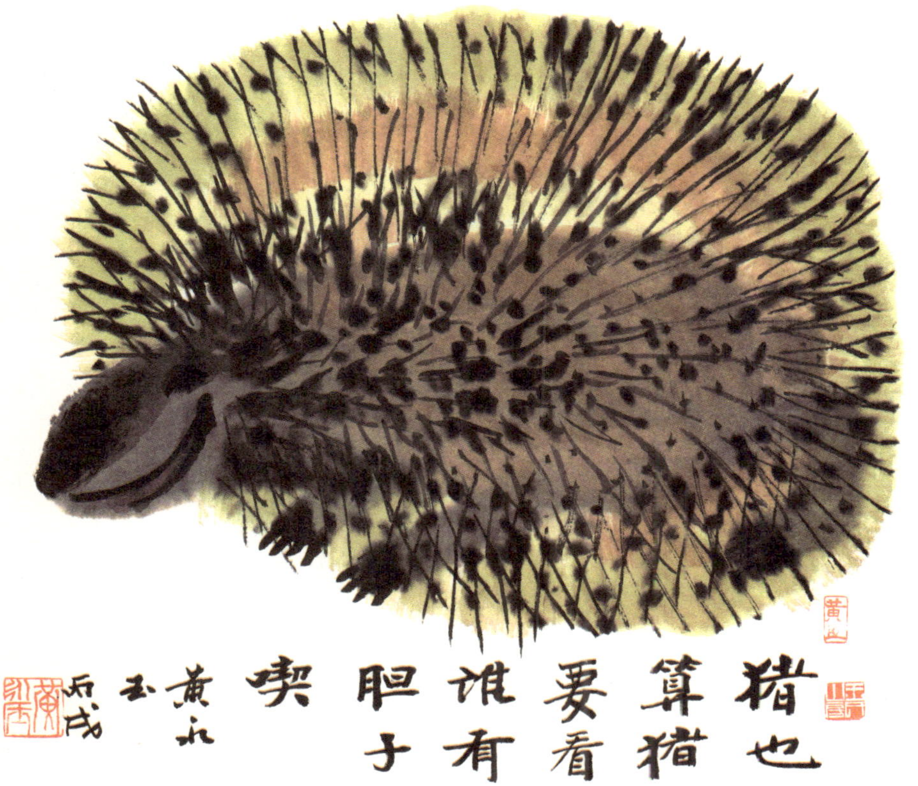

猪也算猪要看谁有胆子喫
黄永玉
丙戌

为我屈辱的表兄弟战斗。

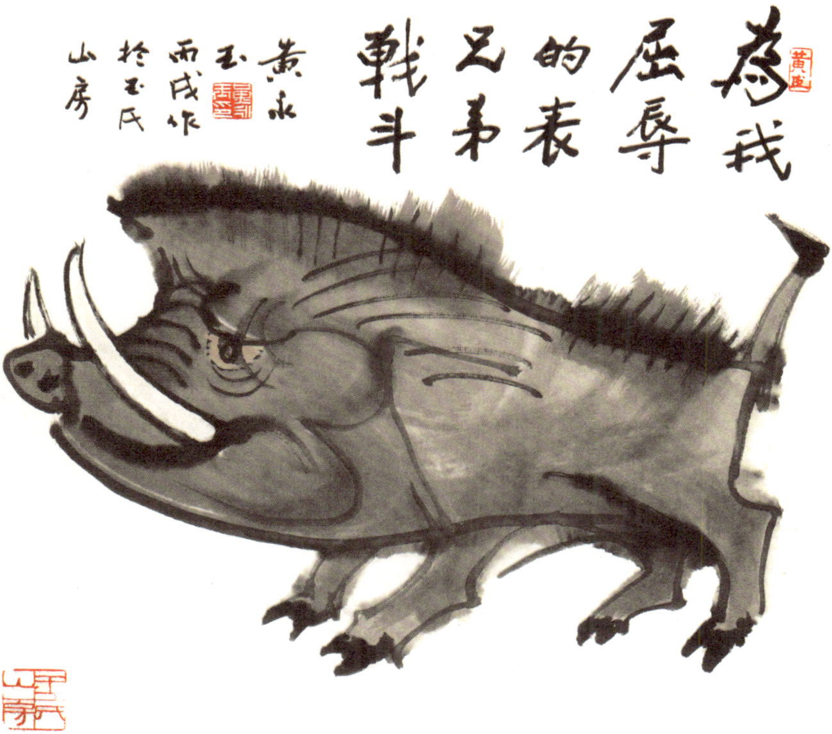
為我屈辱的表兄弟戰斗
黄永玉丙戌作於玉氏山房

人自己减肥却怕我瘦。

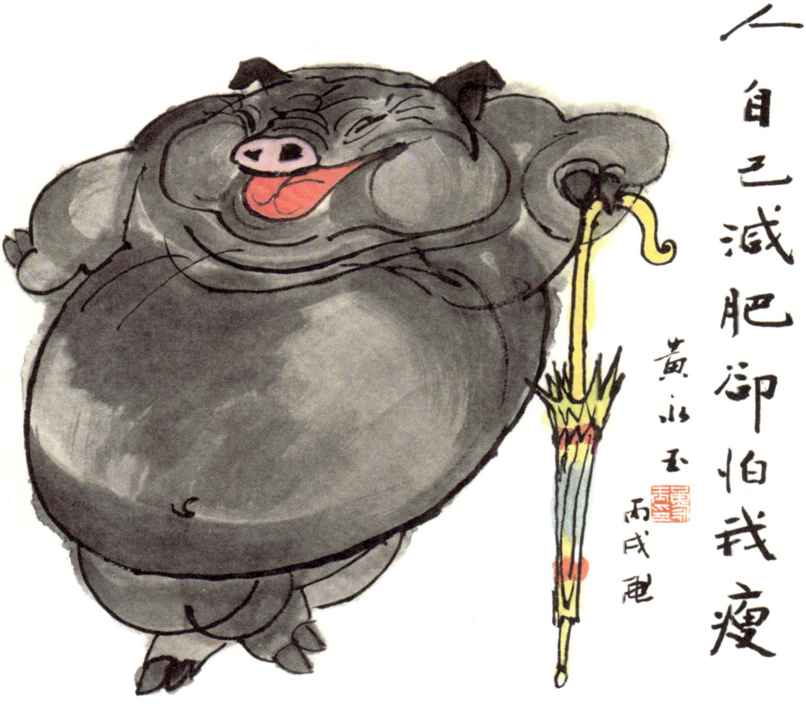
人自己減肥卻怕我瘦
黃永玉
丙戌画

老鸦莫笑猪黑。

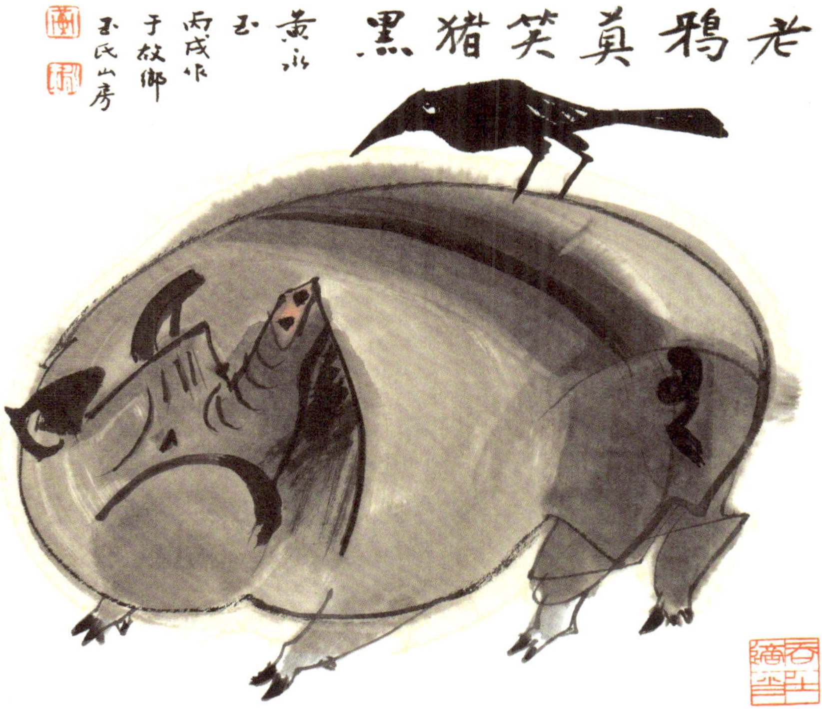
老鸦莫笑猪黑
黄永玉
丙戌作
于故乡
玉氏山房

黄永玉年表

1924—1937	出生于湖南常德。半岁后随父母回凤凰老家。入凤凰县岩脑坡县立模范小学。入福建厦门集美中学。抗战开始，学校迁入山区安溪县。
1938	参加金华野夫、金逢孙二先生主持的中国东南木刻协会。
1939	木刻《下场》发表在福建永安宋秉恒先生主持的《大众木刻》月刊上，得到有生以来的第一次稿费。
1940—1941	手印木刻集《烽火闽江》（25 幅），王淮作序。
1942—1943	执教福建长乐培青中学，从事木刻创作，自印木刻集《春山春水》。木刻《春天的树》《三八那天》发表于福建仙游县《闽中日报》（单复先生编辑）。
1944—1945	在江西信丰为诗人野曼、彭燕郊、黎焚黛的诗歌刻插图。为儿童文学作家贺宜的《野旋的童话》作木刻插图，作《失乐园》《拜伦像》《自刻像》《马雅可夫斯基像》。在寻邬县（今寻乌县）举办个人风景画展。在上犹县刻《饥饿的银河》《东北啊》《小草》等。

1946	在福建南安芙蓉村国光中学任教，刻芙蓉村风景图 11 幅。
1947—1948	经野夫、李桦、陈烟桥、章西厓先生介绍在上海参加中华全国木刻协会，先后任中华全国木刻协会理事、常务理事，参与木刻运动的组织与创作活动。参加上海美术作家协会。任教于上海闵行县立中学。随画家张正宇、陆志庠先生赴台湾编辑《今日台湾》画集，并从事木刻及油画创作。创作《小食摊》《按摩女》《牛车》及石刻《杵歌》等。在香港参加“人间画会”。 在香港大学冯平山图书馆举办第一次个人画展。
1949—1952	从事木刻创作，做自由撰稿人，参加港九美术界慰问解放军的画展，创作木刻《劳军图》。经严庆树、罗承勋先生介绍，任《大公报》临时美术编辑。任长城电影公司编剧，创作故事片《海上故事》《儿女经》，其中《儿女经》被拍摄成电影。两年内先后 3 次在香港思豪酒店举办个人画展。
1953—1965	回北京，任教于中央美术学院版画科，先后任讲师、版画系副教授、教授。参加中国美术家协会，先后任理事、常务理事、副主席、顾问。创作木刻《齐白石像》（1954）、冯雪峰《寓言》插图、《叶圣陶童话选》插图、《在森林中》组画及《阿诗玛》插图（1955）等。创作森林建设组画邮票 4 枚。在美协美术馆举办西双版纳写生展。
1966—1976	“文革”爆发后受到批判，“首都红卫兵革命造反展览会”列入其木刻作品《劳军图》、油画《鱼》等。在 1974 年“黑画事件”中又一次成为批判对象，水墨画《猫头鹰》被列入“黑画展”。

1977—1999　在中国美术馆举办个人画展。在广州举办个人水墨画展。获新时期第一届优秀诗歌奖。创作设计金猴邮票。在美国大都会博物馆举办个人画展。在香港美丽华酒店举办个人画展，在意大利罗马举办个人画展。获意大利总统颁发的最高司令勋章。在德意志联邦共和国奥伯豪森举办个人画展（巡展至波恩、斯图加特）。在澳大利亚墨尔本东方博物馆举办个人画展。先后3次在香港大会堂举办个人画展。在香港三联书店先后举办“永玉三记”插图展和“水浒人物画展”。在台北翰墨轩举办“水浒人物画展”。

在香港大学美术博物馆举办“流光五十年”个人画展。《中国近现代名家画集·黄永玉》由人民美术出版社出版。

2000—2009　“黄永玉八十艺术特展”巡回展，先后在深圳美术馆、北京中国国家博物馆、长沙湖南省博物馆、广州广东美术馆、香港艺术馆举办。散文集《比我老的老头》由作家出版社出版，被评为全国优秀畅销书。诗歌集《一路唱回故乡》由作家出版社出版，诗歌朗诵会在涵芬楼举行。“黄永玉艺术展”在香港时代广场举办。第29届奥运会举行期间，获国际奥委会颁发的“奥林匹克杰出艺术家”奖章。自传体长篇小说《无愁河的浪荡汉子》2009年开始在《收获》杂志连载。

2010　中国邮政发行“第十届世界旅游旅行大会”纪念邮票一套一枚。该套邮票图案选取了黄永玉国画作品——《荷》。

2011　在建党90周年创作《九荷之祝》，同年入选我国16名首批中国国家画院院士。

2013　在中国国家博物馆举办“黄永玉九一画展”。在上海图书馆、广州图书馆、长沙美仑美术馆等地，举办“我的文学行当——黄永玉九十作品汇展”。《黄永玉九十寿诞纪念邮册珍藏》由中国集邮总公司出版。《黄永玉全集》由湖南美术出版社出版。《黄永玉九十》由湖南美术出版社出版。自传体长篇小说《无愁河的浪荡汉子》第一卷《朱雀城》出版。

2014

“我的文学行当——黄永玉作品展”在北京 798 艺术区的圣之空间举行。

5 月 17 日　“故乡：永不枯竭的文学源泉”——长篇小说《无愁河的浪荡汉子·朱雀城》暨“黄永玉的文学行当”专家论坛，在北京 798 艺术区圣之空间举行。

5 月　新版《沿着塞纳河到翡冷翠》由人民文学出版社出版。

6 月 28 日　北京顺义区东方太阳城“逗园”落成开幕，逗园由黄永玉创作的十二生肖雕塑构成。

9 月 30 日　为纪念抗日战争期间在淞沪抗战中牺牲的来自凤凰的数百名阵亡烈士，黄永玉先生创作雕塑《鸡连长》并将其赠送给浙江省嘉善县。同日，雕塑落成揭幕仪式在嘉善县泗州公园抗日阻击战纪念碑前举行。

11 月　新版《沿着塞纳河到翡冷翠》，由罗马 Artemide 美术出版社翻译、出版意大利文版。

11 月 13 日、15 日、27 日，佛罗伦萨和罗马等地相继举办三场发布会和读者见面会，黄永玉先生专程前往出席，并致辞。

11 月　“读库”策划的新版《水浒人物》由新星出版社出版。

本年度继续创作《无愁河的浪荡汉子》，书写了十余万字，该小说由《收获》杂志连载。

2015

2 月 12 日　新春来临之际，与融德画廊全体员工一起联欢，共度佳节，并创作《羊年大吉》等 5 幅作品。

2月16日 意大利驻华大使馆与人民文学出版社联合举办《沿着塞纳河到翡冷翠》意大利文版发布会，与会并讲话。

4月　巨幅作品《儒林外史之外印象派之兄台》创作完成。

4月　《沈从文与我》由湖南美术出版社出版。

6月13日　《沈从文与我》一书首发式在北京单向空间（爱琴海店）举行，出席并讲话。

8月6日　时隔36年再为2016猴年设计猴票两枚，出席中国邮票总公司举办的丙申年特种邮票印制开机仪式，并发表感言。

本年度继续创作长篇小说《无愁河的浪荡汉子》，其在《收获》杂志连载。

干支纪年对照

甲子 1924 鼠	甲戌 1934 狗	甲申 1944 猴	甲午 1954 马	甲辰 1964 龙
乙丑 1925 牛	乙亥 1935 猪	乙酉 1945 鸡	乙未 1955 羊	乙巳 1965 蛇
丙寅 1926 虎	丙子 1936 鼠	丙戌 1946 狗	丙申 1956 猴	丙午 1966 马
丁卯 1927 兔	丁丑 1937 牛	丁亥 1947 猪	丁酉 1957 鸡	丁未 1967 羊
戊辰 1928 龙	戊寅 1938 虎	戊子 1948 鼠	戊戌 1958 狗	戊申 1968 猴
己巳 1929 蛇	己卯 1939 兔	己丑 1949 牛	己亥 1959 猪	己酉 1969 鸡
庚午 1930 马	庚辰 1940 龙	庚寅 1950 虎	庚子 1960 鼠	庚戌 1970 狗
辛未 1931 羊	辛巳 1941 蛇	辛卯 1951 兔	辛丑 1961 牛	辛亥 1971 猪
壬申 1932 猴	壬午 1942 马	壬辰 1952 龙	壬寅 1962 虎	壬子 1972 鼠
癸酉 1933 鸡	癸未 1943 羊	癸巳 1953 蛇	癸卯 1963 兔	癸丑 1973 牛

甲寅 1974 虎	甲子 1984 鼠	甲戌 1994 狗	甲申 2004 猴	甲午 2014 马
乙卯 1975 兔	乙丑 1985 牛	乙亥 1995 猪	乙酉 2005 鸡	乙未 2015 羊
丙辰 1976 龙	丙寅 1986 虎	丙子 1996 鼠	丙戌 2006 狗	丙申 2016 猴
丁巳 1977 蛇	丁卯 1987 兔	丁丑 1997 牛	丁亥 2007 猪	丁酉 2017 鸡
戊午 1978 马	戊辰 1988 龙	戊寅 1998 虎	戊子 2008 鼠	戊戌 2018 狗
己未 1979 羊	己巳 1989 蛇	己卯 1999 兔	己丑 2009 牛	己亥 2019 猪
庚申 1980 猴	庚午 1990 马	庚辰 2000 龙	庚寅 2010 虎	庚子 2020 鼠
辛酉 1981 鸡	辛未 1991 羊	辛巳 2001 蛇	辛卯 2011 兔	辛丑 2021 牛
壬戌 1982 狗	壬申 1992 猴	壬午 2002 马	壬辰 2012 龙	壬寅 2022 虎
癸亥 1983 猪	癸酉 1993 鸡	癸未 2003 羊	癸巳 2013 蛇	癸卯 2023 兔

鸣 谢

本项目的编辑出版，多亏北京融德画廊孙世平先生的鼎力相助，特此鸣谢！

湖南美术出版社

2016 年 12 月

图书在版编目（CIP）数据

十二个十二个月——黄永玉·十二生肖 / 黄永玉著 . —长沙 : 湖南美术出版社，2016.11

ISBN 978-7-5356-7815-7

Ⅰ . ①十… Ⅱ . ①黄… Ⅲ . ①十二生肖－文化研究 ②漫画－作品集－中国－现代③杂文集－中国－当代 Ⅳ . ① K892.21 ② J228.2 ③ I267.1

中国版本图书馆 CIP 数据核字 (2016) 第 314686 号

Shi'er Ge Shi'er Ge Yue　Huang Yongyu　Shi'er Shengxiao

十二个十二个月——黄永玉·十二生肖

出 版 人：李小山
著　　者：黄永玉
责任编辑：刘迎燕　屈　众　彭　勇
装帧设计：肖睿子
责任校对：邓安琪
出版发行：湖南美术出版社
　　　　　（长沙市东二环一段 622 号）
经　　销：全国新华书店
印　　刷：长沙超峰印刷有限公司
　　　　　（宁乡县金洲新区泉洲北路 100 号）
开　　本：787mm×670mm　1/16
印　　张：24.5
版　　次：2016 年 11 月第 1 版
印　　次：2017 年 6 月第 3 次印刷
书　　号：ISBN 978-7-5356-7815-7
定　　价：49.00 元

邮购联系：0731-84787105　　邮编：410016
网　　址：http://www.arts-press.com/
电子邮箱：market@arts-press.com
如有倒装、破损、少页等印装质量问题，请与印刷厂联系斢换。
联系电话：0731-87878870